La novela española
de nuestra época

Angel Basanta

ANAYA

Colección: Biblioteca Básica
Serie: Literatura

Diseño gráfico y maquetación: Narcís Fernández
Edición gráfica: Teresa López
Ayudante de edición: Elena Gómez

Coordinación científica: Ángel Basanta
                             (Catedrático de Lengua
                             y Literatura Españolas)

Coordinación editorial: Juan Diego Pérez González

A Mila, siempre.

Queda prohibida la reproducción total o parcial de la presente obra
bajo cualquiera de sus formas, gráficas o audiovisuales, sin la
autorización previa y escrita del editor, excepto citas en revistas,
diarios o libros, siempre que se mencione la procedencia de las
mismas.

© Del texto, Ángel Basanta Folgueira

© 1990, de la edición española, Grupo Anaya, S.A.
Josefa Valcárcel, 27. 28027 Madrid
I.S.B.N.: 84-207-3609-0
D.L.: M-6924-1990
Impreso por: ORYMU, S.A. C/ Ruiz de Alda, 1
Polígono de la Estación. PINTO (Madrid)
Impreso en España - Printed in Spain

Contenido

	De la Dictadura a la Democracia	(4)
1	La posguerra y el exilio. Los difíciles años cuarenta	(6)
2	Renovación de la novela en los años cincuenta	(34)
3	Nuevas técnicas narrativas en los años sesenta y setenta	(48)
4	La novela española en la transición (1976-1989)	(70)

Apéndices
- Datos para una historia (90)
- Glosario (92)
- Índice alfabético (94)
- Bibliografía (96)

De la Dictadura a la Democracia

LARGO ES EL ITINERARIO recorrido por la literatura española —por la historia y la cultura de España en general— desde la Guerra Civil (1936-1939) hasta nuestros días, ya cerca del siglo XXI. Dos hechos históricos marcan este vasto período y lo dividen en dos grandes etapas bien delimitadas. El final de la Guerra Civil con la victoria del Alzamiento Nacional dio paso a la llamada Era de Franco (1939-1975), durante la cual España careció de las libertades fundamentales —no siempre en el mismo grado de privación— y la literatura española tuvo que afrontar su cometido en circunstancias desfavorables para el normal desarrollo de cualquier actividad artística.

Pero no toda la posguerra fue igual. La alteración de la vida intelectual fue completa durante la guerra e inmediatamente después. Con el tiempo, de las restricciones y vigilancia de los años cuarenta se fue pasando gradualmente por épocas de mayor apertura hasta llegar a los últimos años del franquismo, en los años setenta, cuando, sin libertades políticas aún, la literatura pudo desarrollarse con cierta independencia, salvo en lo tocante a la ideología política y a la sexualidad, dos parcelas especialmente vigiladas por el régimen franquista. Con la muerte de Franco, en 1975, concluye la Dictadura y se produce la restauración de la Monarquía. España lleva a cabo una pacífica transición política y recupera las libertades democráticas. Sin embargo, la transición en la novela —en la literatura— se había producido ya con anterioridad, en los años sesenta y setenta.

Abordar tan largo recorrido de la novela española en estos cincuenta años requiere atender a los autores especialmente relevantes, que se esforzaron por expresar la historia de un pueblo partido por una guerra y que tardó mucho tiempo en llegar a la reconciliación.

1. La posguerra y el exilio. Los difíciles años cuarenta

EN LOS AÑOS CUARENTA la novela española, como las demás manifestaciones de la cultura, tuvo que arrostrar las consecuencias negativas de la Guerra Civil. En lo político se desencadenó un lamentable proceso de represiones y depuraciones; en lo económico hubo que hacer frente al hambre; y lo espiritual fue invadido por las consignas oficiales y la exaltación patriótica. Fueron años dominados por actitudes beligerantes y un clima de intolerancia intelectual que dificultaba notablemente la labor literaria.

Entre los diversos factores de mayor incidencia negativa cabe destacar concretamente algunos. Un grupo importante de novelistas tuvo que emprender el camino del destierro. Con el exilio de sus mayores, los jóvenes novelistas de entonces quedaron huérfanos de posibles maestros, de los transmisores de la tradición. Ello obligó a los exiliados a renunciar a sus lectores naturales y —junto con otras circunstancias— condenó a un asfixiante exilio interior a los que escribían en España. Éstos afrontaron su tarea sometidos al rigor y a la arbitrariedad de la censura, con la derivación funesta de la «conciencia de autocensura»; se vieron privados de la lectura de los grandes renovadores de la novela contemporánea (Proust, Joyce, Kafka...), prohibidos en un país cerrado a cualquier novedad sospechosa, en el cual abundaba el desprecio por ignorancia; y, en cambio, se impulsó la traducción de novelas irrelevantes y la proliferación de una mediocre literatura nacionalista favorecida por el régimen en honor y gloria de sí mismo y elogiada por una crítica parcial y mediatizada.

El aislamiento de España del exterior y el exilio interior condujeron a un penoso adanismo en los años cuarenta, realzado por la ruptura con el pasado inmediato. Porque, en palabras de Sanz Villanueva, el empecinamiento de la España vencedora en forjar una nueva cultura

«produjo una discontinuidad que conforma una etapa tan diferenciada de la precedente como quizás no se halle otra en toda nuestra historia».

Así, el empobrecimiento cultural del país pesó como una losa en el renacer de la novela. Y sólo unos pocos intelectuales de la España vencedora advirtieron entonces que los mejores depositarios de la tradición española engrosaron la «España peregrina», con las consecuencias negativas que dicha amputación iba a tener en el lento resurgir de la literatura en la posguerra.

Novelistas en el exilio

Con la caída de la República, muchos escritores del bando derrotado tuvieron que abandonar España al final de la Guerra Civil, que habían perdido, y al poco tiempo se vieron envueltos en otra guerra, en Francia, invadida por la Alemania nazi. Algunos participaron en la resistencia francesa; la mayor parte emprendió la marcha a los países de la América hispanohablante, sobre todo a México. La trágica aventura de aquella diáspora fue referida en forma de crónica novelada por Virgilio Bote-

La posguerra

El destierro forzoso de muchos españoles al final de la Guerra Civil privó a España del magisterio de importantes intelectuales y escritores. El país fue condenado a la penuria cultural; y los exiliados, al recuerdo de la patria perdida. Escena rural española (abajo).

El exilio

En los últimos días de la contienda y mientras las tropas nacionales se acercaban a Cataluña, muchos españoles se vieron obligados a abandonar su país y a refugiarse en Francia.

lla Pastor (1906) en una vasta saga en la cual, a modo de «nuevos episodios nacionales», el autor ha querido dar testimonio de los avatares de los exiliados en los campos de refugiados en Francia y en su peregrinación por México y por la Europa dominada por el fascismo. Dicha saga concluye con la tetralogía dedicada a «El destierro y la II Guerra Mundial»: *Tiempo de sombras* (1978), *El camino de la victoria* (1979), *Todas las horas hieren* (1986) y *La gran ilusión* (1988).

En conjunto, la prosa narrativa de los exiliados españoles —que uno de ellos, José Bergamín (1897-1983), bautizó como la «España peregrina»— alcanza una dimensión enorme, pues de ella forman parte algunos de los novelistas más importantes de toda la posguerra. No fue conocida en España a su debido tiempo y solamente los más famosos (Sender, Ayala, Aub, Andújar...) pudieron llegar —tardíamente— a los lectores del interior. Reunirlos ahora en una apretada visión de conjunto suscita abundantes problemas, sobre todo debido a la diversidad de sus grupos generacionales y a la extraordinaria heterogeneidad de sus planteamientos narrativos, en los que coexisten obras de tendencias tradicionales y otras del más audaz vanguardismo. Además, la trayectoria literaria de los más importantes experimenta una

radical variación desde sus comienzos, anteriores a la guerra, hasta la evolución personal de cada uno ya en el exilio, cuando reflejaron los nuevos ambientes y sus circunstancias, y cuando también el tema de España acaparó buena parte de sus novelas por medio del recuerdo, de la interpretación de la guerra o de la recreación de la España del primer tercio de este siglo.

Se ha dicho que entre el casi un centenar de novelistas exiliados hay una docena de autores importantes y unos cuantos títulos que deben figurar entre los más relevantes de la novela española de posguerra. Santos Sanz Villanueva, en el mejor estudio de conjunto sobre la narrativa de estos autores, los ha clasificado en dos grandes grupos con sus respectivos apartados: novelistas con obra anterior a 1939 y los que publicaron después de esa fecha.

Novelistas exiliados

Novelistas exiliados con obra anterior a 1939

Atendiendo a las obras publicadas antes de marchar al destierro, Sanz Villanueva distingue dos grupos: escri-

Ramón J. Sender (izquierda) es tal vez el novelista español más importante de su generación y el más conocido entre los exiliados. Luchó en Marruecos y trabajó como periodista en El Sol. *En el destierro acabó enseñando literatura española en universidades norteamericanas. Le gustaba presentarse como un campesino aragonés que escribía novelas.*

R. J. Sender

tores de tendencia realista y social, y de tendencias deshumanizadas e intelectuales. No estará de más insistir otra vez en que esta clasificación se basa en la orientación de sus obras anteriores al exilio. Después, cada uno evoluciona hacia metas muy diferentes, como Francisco Ayala, quien de la literatura deshumanizada de la preguerra pasa a convertirse en áspero moralista.

El apartado de escritores de tendencia realista y social está representado por Ramón J. Sender (1901-1982), autor de una copiosa obra narrativa que ya en los años treinta había conocido el éxito con *Imán* (1930), sobre la Guerra de Marruecos, y *Mr. Witt en el Cantón* (1935), novela histórica sobre la sublevación cantonal de Cartagena en 1873. La obra realizada por Sender en el exilio es enorme, tanto en su cantidad y en su diversidad como en su calidad literaria. Sin duda es autor de al menos una media docena de novelas que figuran entre las mejores de toda la posguerra. Buena parte de su obra está dedicada a la España del primer tercio de este siglo y a la Guerra Civil, considerada desde diferentes perspectivas. Lo autobiográfico y la recreación de la España anterior a la guerra se aúnan en la

La presencia de lo árabe en la literatura española es muy antigua a causa de la secular convivencia de moros, judíos y cristianos en la España medieval y de las prolongadas relaciones históricas con el norte de África. En el siglo XX, la Guerra de Marruecos ha sido objeto de crónicas y novelas entre las que sobresale Imán. *Calle marroquí (derecha).*

serie novelesca *Crónica del alba* (1942-1966), formada por nueve novelas protagonizadas por José Garcés, personaje en el que se juntan el segundo nombre y el segundo apellido del autor. La Guerra Civil fue tratada por Sender desde enfoques literarios diversos: mediante el procedimiento de la parábola, con las consiguientes correspondencias políticas entre los personajes de una duquesa y su criado, Sender abordó la guerra en *El rey y la reina* (1949), novela de orientación simbólica que acaba convirtiéndose en una meditación sobre la condición humana (preocupación existencial que reaparece en *El verdugo afable,* 1952); también ofrece una visión de la guerra, por medio de la peripecia individual —pero de alcance colectivo— de un sacerdote atormentado por el recuerdo del asesinato de un feligrés, en *Réquiem por un campesino español* (1960; publicada en 1953 con el título de *Mosén Millán),* excelente novela corta en la cual Mosén Millán, antes de la misa de aniversario por Paco el del Molino, rememora la vida de su feligrés desde su nacimiento hasta los comienzos de la guerra, cuando, queriendo salvarlo, acaba entregándolo sin conseguir

R. J. Sender

(Abajo) fotograma de la película Aguirre, la cólera de Dios. *El vasco Lope de Aguirre protagonizó una de las aventuras más terribles en la conquista de América.*

F. Ayala

Francisco Ayala (arriba) es, sobre todo, un excelente cuentista y un lúcido ensayista. Fue profesor de sociología en la Universidad de Madrid. En el exilio terminó ejerciendo la docencia en universidades norteamericanas. Los usurpadores, La cabeza del cordero, Historia de macacos *y* El jardín de las delicias *son sus mejores libros de cuentos.*

evitar su ejecución. Otras novelas de Sender son las del ciclo histórico, entre las cuales destaca *La aventura equinoccial de Lope de Aguirre* (1964), sobre la gesta del extravagante conquistador; y algunas novelas de ambientación americana, como *Epitalamio del prieto Trinidad* (1942), sobre la rebelión de unos presos en una isla-presidio del Caribe.

Entre los novelistas que hicieron sus primeras armas literarias en las tendencias deshumanizadas e intelectuales de la preguerra sobresalen los nombres de Francisco Ayala, Max Aub y Rosa Chacel, inicialmente relacionados con la estética impulsada por la *Revista de Occidente*.

Francisco Ayala (1906), más conocido por su importante trayectoria en la narración corta —es uno de los grandes cuentistas de este siglo—, publicó en el exilio dos novelas estrechamente relacionadas entre sí, *Muertes de perro* (1958) y *El fondo del vaso* (1962), que recuerdan de cerca las dos partes del *Quijote,* sobre todo en que en la segunda novela se alude a la primera como libro ya publicado, muy popular y leído. Más que una obra en dos partes, las de Ayala son dos novelas complementarias, situadas en el subgénero de las novelas de dictador: constituyen una indagación en el régimen dictatorial de una imaginaria república hispanoamericana, con la consiguiente corrupción política y social y la absoluta degradación del ser humano. *Muertes de perro* se centra más en la crítica política, y *El fondo del vaso* en la social; pero en ambas se mantiene la intención moralizadora característica del autor, así como la variedad estilística ayaliana, desde la caricatura y el esperpento hasta la ironía, la parodia y el humor. Recientemente, Ayala ha publicado unas interesantes memorias con el título de *Recuerdos y olvidos* (1982-1988).

Max Aub (1903-1972) es otro autor de obra muy extensa y variada. Ya antes de la guerra había publicado la primera versión de *Luis Álvarez Petreña* (1934), biografía de un poeta imaginario. En el exilio desplegó sus extraordinarias dotes de escritor en novelas que van desde el realismo tradicional hasta el más osado experimentalismo de, por ejemplo, *Juego de cartas,* novela presentada en los naipes de una baraja. Además del vasto ciclo sobre la Guerra Civil, del que se hablará en el apartado siguiente, hay que destacar *La calle de Valverde*

(1961), novela realista que recrea el Madrid de la Dictadura de Primo de Rivera, la agitada época vivida por el autor en su juventud madrileña. También es obligado recordar su excepcional novela *Jusep Torres Campalans* (1958), biografía del imaginario pintor mencionado en el título, a quien el autor hace amigo de Picasso, enemigo de Juan Gris y del cual llega a inventar una am-

Max Aub

Max Aub (arriba) fue uno de los escritores más prolíficos de su generación. Novelista, cuentista, dramaturgo, poeta y ensayista, nació en París, de madre francesa y padre alemán. En el exilio vivió en México y allí publicó sus obras, respondiendo en cada momento al compromiso moral del escritor y a una concepción vanguardista de la literatura. (Izquierda, Le Tourangeau de Juan Gris.)

Rosa Chacel

plia documentación crítica y pictórica. Ello hace de este libro una inteligente indagación en la pintura contemporánea a la vez que una singular novela que refleja el ambiente intelectual y artístico de Barcelona y París a principios de siglo.

Rosa Chacel (1898) es autora, entre otras, de una extensa novela de contenido fuertemente intelectual y de carácter ensayístico, *La sinrazón* (1960). De sus novelas posteriores cabe recordar la trilogía de rememoraciones íntimas formada por *Barrio de Maravillas* (1976), *Acrópolis* (1984) y *Ciencias naturales* (1988).

Otros novelistas importantes que habían comenzado su carrera literaria antes del exilio y que no tienen cabida en los dos grupos antes señalados son Salvador de Madariaga (1886-1978), autor de la vasta serie *Esquiveles y Manriques,* sobre la conquista de América; Corpus Barga (1887-1975), autor del largo ciclo *Los pasos contados. Una vida española a caballo de dos siglos* (1963-1973); Rafael Dieste (1899-1981) y sus fantásticas *Historias e invenciones de Félix Muriel* (1946); y, finalmente, Juan Gil-Albert (1906), autor de una dilatada obra prosística de cuyos últimos títulos sobresalen *Valentín* (1974) y *El retrato oval* (1977).

Rosa Chacel (derecha) nació en Valladolid en 1898. Su formación intelectual se desarrolló en el ambiente cultural de la Revista de Occidente. *Durante el exilio alternó su residencia entre Argentina y Brasil. Algunas de sus novelas más significativas muestran una densidad que las aproxima al campo del ensayo.*

Novelistas posteriores a 1939

De los muchos autores que iniciaron su trayectoria novelística ya en el destierro destacaremos a los tres más significativos: Manuel Andújar, José Ramón Arana y Segundo Serrano Poncela. De Arturo Barea y Paulino Masip hablaremos en el apartado de las novelas dedicadas a la Guerra Civil.

Manuel Andújar (1913) agrupa su obra en el ciclo *Lares y penares,* en el cual *Cristal herido* (1945), con su ambientación en el Madrid de la República y de los comienzos de la Guerra Civil, es el nexo de unión entre las dos trilogías que lo componen: la explícita de *Vísperas,* formada por *Llanura* (1947), *El vencido* (1949) y *El destino de Lázaro* (1959), sobre la España anterior a la guerra, centradas respectivamente en el campo manchego, la mina y el mar; y la trilogía implícita formada por *Historias de una historia* (1973, 1986), sobre la guerra misma, *Cita de fantasmas* (1984), sobre los niños y

Manuel Andújar

También Manuel Andújar (izquierda) vivió un largo destierro en México hasta 1967, año en que volvió a España. Fue, por lo tanto, uno de los primeros en regresar de forma definitiva. Desde entonces se ha esforzado en recuperar para los lectores españoles las más importantes obras de la «España peregrina» a la vez que en sus propias novelas ofrece una profunda revisión de la historia de España en este siglo.

J. R. Arana
S. Serrano
Poncela

adolescentes —«criollos aguados»— que formaron parte del exilio republicano en México, y *La voz y la sangre* (1984), acerca de la reinserción de un exiliado en la España de la transición política.

José Ramón Arana (1906-1974) es autor de una excelente novela corta, *El cura de Almuniaced* (1950), sobre la actitud ejemplar de un cura rural en la Guerra Civil. Y Segundo Serrano Poncela (1912-1976) nos dejó dos novelas importantes: *Habitación para hombre solo* (1964), compleja historia de las peripecias de un español perseguido en América, y *El hombre de la cruz verde* (1969), novela histórica sobre la Inquisición en tiempos de Felipe II.

Muchos exiliados españoles pudieron rehacer sus vidas en México, nación que, gobernada por el general Cárdenas, actuó entonces como «un país Quijote en un mundo de rufianes». (Derecha, portada de la revista madrileña Los 4 gatos *que simboliza la marcha hacia el destierro y rinde homenaje al presidente mexicano.)*

Novelas sobre la Guerra Civil

Ya desde los primeros años de la posguerra —y aun desde la guerra misma— muchos novelistas, preocupados por los problemas de España, mostraron su interés por el más grave de todos: el porqué, el cómo y el para qué de la Guerra Civil de 1936-1939. Con mayor o menor intensidad la guerra está presente en la mayor parte de las novelas de los años cuarenta, cincuenta y sesenta, ya sea como campo de los hechos referidos y tema central de bastantes novelas, ya como telón de fondo o marco de referencias en muchas otras que no son propiamente novelas sobre la Guerra Civil. Y a pesar del tiempo transcurrido, la fecundidad de la Guerra Civil como tema narrativo, tratado de modo histórico, parabólico, simbólico e incluso como medio de ejercicios formales, sigue siendo una constante en los últimos años. Recuérdense

La Guerra Civil

«*Miles y millares de hombres, mujeres y niños se mezclaron con ansia y angustia a la vez. Todos preguntaban por alguien. Era la más espantosa soledad en medio de una inmensa muchedumbre. A diario hicieron kilómetros [...], gritando un nombre, cada uno el del ser querido, y todos juntos el santoral en pleno y en vano, haciendo mil preguntas inútiles...*» (Botella Pastor: Tiempo de sombras.)

La Guerra Civil

obras tan recientes como *Días de llamas* (1979), de Juan Iturralde, *La noche española* (1981), de Leopoldo Azancot, el ciclo *Herrumbrosas lanzas* (1983-1986), de Juan Benet, *Mazurca para dos muertos* (1983), de Cela, *Luna de lobos* (1985), de Julio Llamazares, *377 A, madera de héroe* (1987), de Miguel Delibes, o incluso *Filomeno, a mi pesar* (1988), de Torrente Ballester.

En el amplio trabajo (tres volúmenes, hasta la fecha) de Bertrand de Muñoz se comentan centenares de títulos agrupados en tres apartados, según la localización temporal de las obras: «Guerra presentida» en los años que preceden a la rebelión militar, «Guerra vivida» en los años de la contienda (julio de 1936-abril de 1939) y «Guerra recordada» en obras que, partiendo de un momento de la posguerra, rememoran o evocan la lucha fratricida. Los dos primeros tomos de este trabajo, *La Guerra Civil española en la novela*, abarcan las obras publicadas hasta la muerte de Franco (1975); el tercero, dedicado a «los años de la Democracia», añade el comentario bibliográfico de 170 nuevos títulos publicados hasta 1985.

Para los fines de nuestra exposición, limitada a un brevísimo informe, nos interesa particularmente la clasificación que ya Gonzalo Sobejano estableció en tres

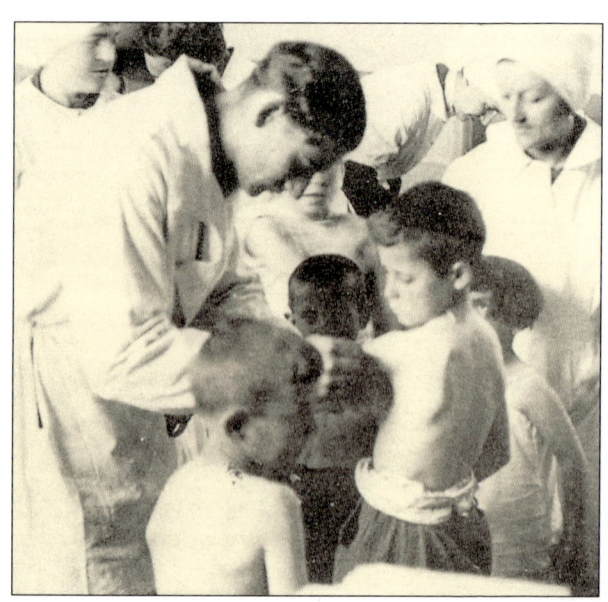

Toda una generación de españoles quedó marcada por el horrendo espectáculo de la Guerra Civil, contemplada desde la óptica de la infancia y la adolescencia. Son los niños de la guerra, víctimas después de la consiguiente penuria cultural. (Derecha, vacunación de niños durante la guerra.)

grupos de novelistas, basándose en la actitud de los autores: observadores, militantes e intérpretes. «Del primero al segundo y del segundo al tercer grupo —dice Sobejano— hay una progresión perfectamente explicable: los novelistas ya veteranos e incluso en decadencia se apresuran a contar cómo fue la guerra, vista desde la perspectiva de los ciudadanos que padecieron sus estragos en la retaguardia. Los más jóvenes, henchidos de vivencias de vanguardia, acuden también desde el primer momento a comunicarlas desde el punto de vista del combatiente o del abanderado. Más tarde, cuando ya los hechos han quedado a distancia, en el espacio o en el tiempo, sobreviene un deseo de explicar el porqué de la lucha y su para qué: causas, consecuencias, finalidades. Y también antecedentes; pues a la guerra se debe un género de novela que indaga las raíces de la discordia en el pasado próximo.»

En el grupo de los observadores, cuyas obras, de carácter cronístico y de orientación conservadora en defensa de la España sublevada, son testimonio de su visión de la guerra desde la retaguardia, cabe recordar a Agustín de Foxá *(Madrid, de Corte a Checa,* 1938) y a Tomás Borrás *(Checas de Madrid,* 1940). Los militantes aparecieron entre quienes participaron en la lucha como soldados o como portavoces de una ideología y contaron sus experiencias en la vanguardia bélica en obras alimentadas por la anécdota autobiográfica o el testimonio documental, y dominadas por la exaltación de los ideales de la España vencedora; a pesar de la despro-

Novelas sobre la guerra

Otros niños fueron deportados al extranjero o acompañaron a sus familias en una larga pereriñación por Europa y América. El tema de la niñez en relación con la guerra es uno de los más sentidos en muchas novelas. A la izquierda, camión de niños llegando a Le Perthus (Francia) tras la toma de Barcelona por los nacionales.

Novelas sobre la guerra

Hemingway (arriba) (1899-1961), uno de los más célebres novelistas de la «generación perdida» norteamericana, participó en la Guerra Civil española y dejó abundantes manifestaciones de la profunda atracción que España ejerció sobre su agitado espíritu (Derecha, Malraux, Camus y Berger en una reunión de la resistencia francesa durante la Segunda Guerra Mundial.)

porción entre los intentos emprendidos y los resultados alcanzados, debida a la falta de distanciamiento y al partidismo de sus autores, sería injusto el olvido de novelas como *La fiel infantería* (1943) y *Plaza del Castillo* (1951), de Rafael García Serrano, *Leoncio Pancorbo* (1942), de José M.ª Alfaro, y *Cuerpo a tierra* (1954), de Ricardo Fernández de la Reguera.

El grupo más importante es el de los intérpretes, quienes intentaron esclarecer la significación de la Guerra Civil, como ya habían hecho dos escritores extranjeros, André Malraux en *La esperanza* (1938) y Ernest Hemingway en *Por quién doblan las campanas* (1940), amparados precisamente en su perspectiva de no españoles. Son los autores de las mejores novelas sobre este tema. Pronto siguieron su ejemplo los novelistas exiliados, literariamente beneficiados por el necesario distanciamiento espacial; y más tarde los escritores del interior, cuando se produjo el imprescindible distanciamiento temporal y el tema bélico dejó de estar tan estrechamente vigilado por la censura. Los novelistas de la «España peregrina» comenzaron muy pronto la tarea de explicar la Guerra Civil en forma de autobiografía, epopeya y parábola social o moral. Los primeros en hacerlo fueron Arturo Barea, Paulino Masip y Max Aub.

Arturo Barea escribió en español y publicó en inglés (1941-1944) la trilogía novelesca *La forja de un rebelde* (1951, en castellano), compuesta por *La forja*, *La ruta* y *La llama*. En forma de reportaje autobiográfico el autor ofrece las memorias fragmentarias de su vida, desde

la niñez y juventud en el Madrid de principios de siglo hasta su labor propagandística en favor de la España republicana durante la Guerra Civil, período narrado en la tercera novela, en la cual, sin caer en maniqueísmos simplificadores, se considera la lucha fratricida como una «guerra de dos caínes».

Pronto apareció también la novela de Paulino Masip, *El diario de Hamlet García* (1944), obra ejemplar por su honda verdad humana, que participa de la forma autobiográfica y del estilo épico en la figura de un profesor de filosofía que supera su desorientación y su indiferencia iniciales en favor de un comprometido acercamiento a la gravedad de la guerra.

El sentido épico es la orientación dominante en el ciclo novelesco de los «Campos» de Max Aub, *El laberinto mágico,* formado por cinco novelas, *Campo cerrado* (1943), *Campo de sangre* (1945), *Campo abierto* (1951), *Campo del Moro* (1963) y *Campo de los almendros* (1968). En esta especie de episodios nacionales de la Guerra Civil, en los que se combinan rasgos de la novela histórica, la crónica y el cantar épico, el autor construye un grandioso retablo de la guerra y sus consecuencias, desde los años anteriores y el comienzo de la mis-

Novelas sobre la guerra
Max Aub

«... *por una participación del peligro y del esfuerzo, por una camaradería recién nacida y ya fundamental, no flaquearán [...]. Los que subsistan, en cualquier condición, no podrán desprenderse nunca del troquel. Será un tatuaje de la sensibilidad, de algo que en ella es nervio subyacente.*» (M. Andújar: Historias de una historia.) *A la izquierda, grupo de milicianos a la hora del rancho en Bosque Carrascal (Teruel) en el año 1937.*

Novelas sobre la guerra Andújar

También existió el llamado exilio interior, que padecieron quienes permanecieron en una España empobrecida en lo económico y lo cultural (Abajo, Auxilio Social socorriendo a los necesitados.)

ma en Barcelona, pasando por las peripecias de la lucha en varios lugares (Valencia, Burgos, Madrid, Barcelona, Teruel...), hasta las postrimerías del Madrid republicano y la caída final de la República en el Levante español. La imagen del laberinto preside esta interpretación de la Guerra Civil, con el propósito ya confesado por el autor en su temprano *Discurso de la novela española contemporánea* (1945): «Duro es nuestro porvenir, pero no por eso deja de serlo. Posiblemente nuestra misión no vaya más allá que la de ciertos clérigos o amanuenses en los albores de las nacionalidades: dar cuenta de los sucesos y recoger cantares de gesta. Labor oscura de periodistas alumbradores.»

Una de las últimas novelas sobre la guerra escrita por un autor exiliado es *Historias de una historia*, de Manuel Andújar, publicada en España en 1973 con importantes mutilaciones de la censura y en 1986 con el texto íntegro. Lejos de cualquier maniqueísmo y con el sano afán de explorar la trágica historia de España, Andújar acomete la tarea de novelar la guerra en toda la complejidad de sus circunstancias, insertando múltiples historias particulares que dan cuenta de las contradicciones y la diversidad de lo español y los españoles.

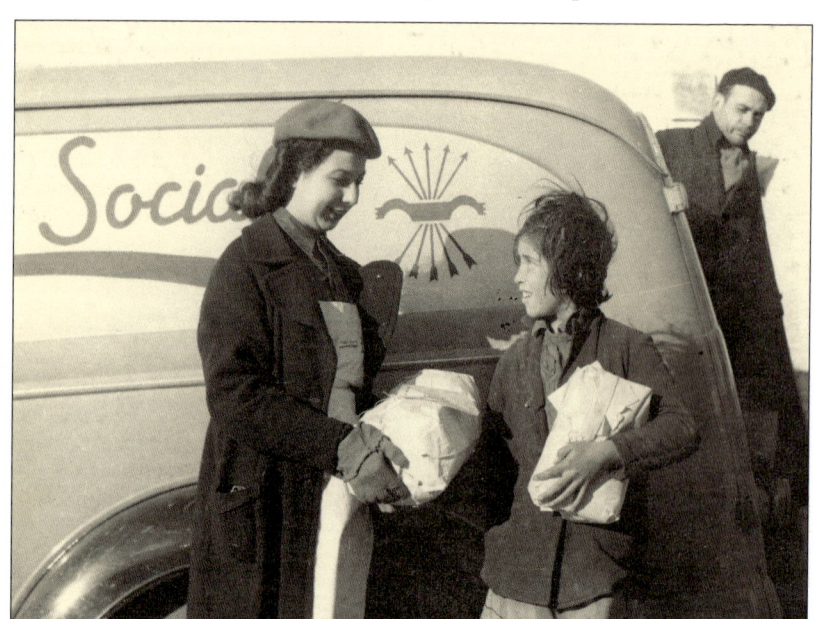

El primero de los novelistas intérpretes de la Guerra Civil que apareció en la España de Franco fue José María Gironella, autor del primer ciclo novelesco con pretensiones de imparcialidad: *Los cipreses creen en Dios* (1953), *Un millón de muertos* (1961), *Ha estallado la paz* (1966) y *Condenados a vivir* (1972). En la primera novela de la tetralogía se muestra el ambiente social y político de la preguerra en Gerona —ciudad que representa a España—, en torno a la familia Alvear. La guerra se cuenta en *Un millón de muertos,* tratando de relacionar el destino de los Alvear con el del país; y para alcanzar el testimonio documental con imparcialidad, la composición novelesca alterna la narración de sucesos ocurridos en la zona republicana en contrapunto con otros de la zona nacional. *Ha estallado la paz* se refiere a la posguerra, en típicas situaciones propiciadas por la intolerancia y la manipulación de la España vencedora.

Luis Romero es autor de dos interesantes novelas sobre la guerra: *Tres días de julio* (1967), sobre los tres primeros días de la contienda, y *Desastre en Cartagena* (1971), construida como crónica novelada con intención documental. Su obra más importante es *La noria* (1952), que comentaremos en el capítulo 2.

Novelas sobre la guerra Gironella

José María Gironella (izquierda), nació en Darnius, Gerona, en 1917. Ganó el Premio Nadal en 1946 con su primera novela, Un hombre. *Después, en los años cincuenta y sesenta, se convirtió en el novelista español con mayor éxito de ventas entre el público lector gracias a sus novelas dedicadas a la España de la preguerra, la guerra y la posguerra. En la actualidad, sin abandonar la creación novelística, se dedica también a los libros de viajes y a crónicas y reportajes periodísticos.*

Novelas sobre la guerra
A. M. de Lera

La primera novela publicada en España sobre la Guerra Civil desde la perspectiva de los vencidos fue *Las últimas banderas* (1967), con la cual Ángel María de Lera iniciaba su tetralogía *Los años de la ira,* completada después con *Los que perdimos* (1974), *La noche sin riberas* (1976) y *Oscuro amanecer* (1977). La serie abarca desde la ocupación de Madrid por los nacionales, pasando por la penosa situación, en la cárcel madrileña, de los vencidos, hasta las dificultades posteriores de adaptación en una sociedad hostil.

En Si te dicen que caí *Juan Marsé ofrece una desgarrada visión de la podredumbre humana en la posguerra barcelonesa, en los ambientes más sórdidos de la ciudad. (Abajo, fotograma de la versión cinematográfica de esta novela.)*

En fin, son éstas las novelas más significativas que, publicadas en el exilio o en el interior de España, tratan de la Guerra Civil como tema central. Pero la contienda española es un tema literario constante en toda la posguerra. Aparece como marco histórico de muchas situaciones creadas como consecuencia de la guerra en un amplio número de novelas con abundantes referencias al conflicto. Baste recordar, a modo de ejemplo, algunas de las más importantes: *Nada* (1945), de Carmen Laforet, *La colmena* (1951) y *San Camilo 1936* (1969), de Cela, *El Jarama* (1956), de Rafael Sánchez Ferlosio, *Señas de identidad* (1966), de Juan Goytisolo, *Cinco horas con Mario* (1966), de Miguel Delibes, *El hombre de los santos* (1969), de Jesús Fernández Santos, *Una medita-*

ción (1970), de Juan Benet, *Si te dicen que caí* (1973), de Juan Marsé, y otras novelas de Zunzunegui, Elena Quiroga, Ignacio Agustí, Castillo-Puche, Ana María Matute, etc. Conviene recordar también, por su peculiar tratamiento de la Guerra Civil, la novela de Jesús Torbado, *En el día de hoy* (1976), en la cual, partiendo de la victoria de la República, se ofrece una visión igualmente pesimista de las consecuencias de la lucha; y la obra de José Asenjo Sedano, *Conversación sobre la guerra* (1978), que muestra una visión de la contienda desde el punto de vista de la niñez. Finalmente, recordemos otra vez las novelas muy recientes citadas al principio de este apartado.

Difíciles años cuarenta

Renacer de la novela en la España de los cuarenta

En los difíciles años cuarenta la novela en España volvió a resurgir por los caminos del realismo, según era previsible tras una guerra civil (así ocurrió también en las literaturas rusa y mexicana después de sus respectivas revoluciones). Fue posible gracias a algunos escritores de la generación del 36, a quienes la penuria cultural de la posguerra afectó menos que a los de la generación siguiente, la del medio siglo, porque la formación de aquéllos había podido beneficiarse de la inquietud intelectual propiciada por la generación de Ortega y las vanguardias del 27.

Rasgos generales de la generación del 36 (a la que pertenecen, entre otros, Cela, Torrente Ballester, Delibes, Gironella, Luis Romero, Carmen Laforet, Ignacio Agustí, Castillo-Puche, Elena Quiroga y F. García Pavón) son, en lo biográfico, su formación juvenil en contacto con la cultura occidental, con el apogeo de las vanguardias y la plenitud creadora del grupo poético del 27. Entre sus principios estéticos cabe recordar su admiración por la literatura de las generaciones españolas anteriores; el afán de la experimentación con la obra literaria, convencidos de que la literatura nunca servirá para cambiar el mundo; la actitud reflexiva y autocrítica ante la propia obra de arte; una concepción lúdica de la literatura, pero no por ello gratuita, cosa que jamás podría ocurrir con quienes naufragaron en una guerra civil en los mejores años de sus ilusiones; y, por último, su preo-

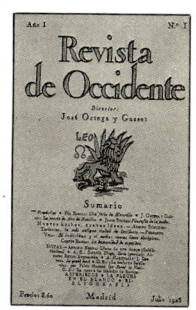

La Revista de Occidente, *fundada y dirigida por Ortega y Gasset, desempeñó un papel decisivo en la formación intelectual de quienes se educaron en los años veinte y treinta, coincidiendo con el novecentismo y las vanguardias.*

Difíciles años cuarenta

cupación por los problemas del hombre con el sano afán de universalizar sus inquietudes, muy por encima de cualquier localismo costumbrista o social.

Como ya hemos señalado, la España oficial quiso romper con la tradición inmediata. Y la escisión de la novela en los años cuarenta con respecto a las tendencias narrativas anteriores a la guerra se hizo aun más notoria porque quienes conocían dichas tendencias eran conscientes de su inadecuación con los difíciles tiempos en que ellos iban a desarrollar su trayectoria literaria. La novela del novecentismo tenía mucho que ver con las teorías de Ortega, con la «deshumanización del arte». En tales circunstancias, sin tradición inmediata y aislados del curso de la novela occidental, los autores del momento buscaron un punto de arranque en la tradición realista española. Cela (1916) lo encontró en la novela picaresca con el *Pascual Duarte;* Carmen Laforet (1921) e Ignacio Agustí (1913-1974) recurrieron al realismo tradicional del siglo XIX en *Nada* y en la serie *La ceniza fue árbol;* Torrente Ballester (1910) emprendió su aventura desmitificadora en *Guadalupe Limón;* y Miguel Delibes (1920) inicia sus narraciones de la vida provinciana de Castilla.

José Ortega y Gasset (arriba) (1883-1955), filósofo y ensayista, es el pensador español más brillante de este siglo. Entre sus obras destaca La rebelión de las masas. *La amplitud de sus ideas alcanza también al mundo del arte y la literatura, donde tuvieron gran influencia sus libros* La deshumanización del arte *e* Ideas sobre la novela, *ambos publicados en 1925. (Derecha,* Las masas *de Genovés.)*

Orientación realista

En la novela de los años cuarenta predomina la orientación realista, pero en corrientes diversas y con ciertas peculiaridades. Conviene distinguir al menos las diferencias indicadas a continuación.

El tremendismo se consagra con *La familia de Pascual Duarte* (1942), que, por su interés humano y fuerza expresiva, constituye la primera señal de renovación. Sustentado en la técnica del manuscrito hallado, el relato autobiográfico de Pascual es la confesión de un condenado a muerte, que trata de explicar sus crímenes como consecuencia del ambiente de primitivismo y de brutalidad irracional que determinaron su conducta, dominada por el instinto. Pascual explica su falta de responsabilidad porque el instinto lo ha arrastrado a la vio-

Cela y Pascual Duarte

Camilo José Cela (arriba) nació en Iria Flavia, Padrón, La Coruña, en 1916. Comenzó varias carreras universitarias y no terminó ninguna. Su temprana y continuada lectura de los clásicos lo llevó por los caminos de la creación literaria y desde muy pronto se reveló como un artífice de la renovación de la novela española. (Izquierda, Campesinos de vuelta de la feria *de Zabaleta.)*

Tendencias realistas

(Derecha) fotograma de la película basada en La familia de Pascual Duarte. *En los cinco primeros capítulos de su relato, Pascual recuerda su infancia y juventud, y en el sexto reflexiona sobre la muerte y la felicidad. Los capítulos 7-12 recogen sus desgracias familiares. En el 13 medita y se confiesa. Y en los seis últimos capítulos cuenta su huida, el regreso a su casa y la cadena de crímenes cometidos.*

lencia y no ha podido actuar libremente. Por eso la novela ha sido relacionada con el existencialismo y, sobre todo, con *El extranjero* (1942) —otra confesión de un condenado a muerte—, de Albert Camus. La violencia y la fuerza expresiva de esta historia de una familia española, simbólica de la preguerra, constituyen la base del tremendismo que impregna el contenido y el lenguaje de la novela. Su resonancia atrajo a bastantes continuadores que quisieron aprovechar el éxito editorial de *Pascual Duarte* en historias de pasiones desatadas y bajos instintos realzados por un estilo bronco.

Otra tendencia en la orientación realista fue el entronque con la novela picaresca. Aparece ya en el *Pascual Duarte,* en su modalización autobiográfica, su temporalización retrospectiva, las digresiones moralizantes e incluso en la ironía de presentarse como inocente un criminal convicto. Poco después el mismo Cela escribió *Nuevas andanzas y desventuras de Lazarillo de Tormes* (1944). Y deben mencionarse también los abundantes rasgos de ascendencia picaresca que aparecen en algunas novelas de Zunzunegui (1902-1982) y Sebastián Juan Arbó (1902-1984).

Al realismo decimonónico, con ribetes tremendistas, apunta la técnica de otras novelas significativas. El Premio Nadal concedido a *Nada* (1945) llevó al primer plano a Carmen Laforet y la novela fue otro éxito de aque-

llos años. Si *Pascual Duarte* contaba la realidad cargada de violencia en los años de la preguerra, *Nada,* desde su mismo título emblemático, era la primera novela que reflejaba el ambiente real y conflictivo de una situación degradada por la miseria en la posguerra, en este caso referida a la ciudad de Barcelona. Por su modo autobiográfico y su presentación desnuda de aquella realidad desoladora, también por su sencillez y espontaneidad, su ternura y su poesía, *Nada* tiene mucho de novela de aprendizaje y, por tanto, de novela lírica en la cual, a la vez que la experiencia de la protagonista y su amargo desencanto, se atestigua la sordidez y la miseria material y moral, de alcance colectivo, en la posguerra española.

En la tradición del realismo decimonónico se encuadra también la serie de Ignacio Agustí, *La ceniza fue árbol,* iniciada en los cuarenta con *Mariona Rebull* (1944) y *El viudo Ríus* (1945). Son obras que responden al modelo de la novela-río, de amplio alcance temporal, en este caso con la evolución histórico-social de la ciudad de Barcelona, representada en la industria textil, desde finales del siglo XIX hasta la Guerra Civil.

Estas novelas supusieron una ruptura con el mundo convencional y tópico de la literatura dominante al servicio de la política y se convirtieron en denuncias de situaciones conflictivas. El éxito editorial de *Pascual Duarte, Nada* y *Mariona Rebull* recabó para el renacer de la novela española la atención de lectores y críticos.

C. Laforet y Nada

Mariona Rebull *es la mejor novela de la serie* La ceniza fue árbol, *dentro de la tradición europea del* roman-fleuve *o novela-río representada por* La saga de los Forsythe, *de J. Galsworthy, o* Los Thibault, *de R. Martin du Gard. En la novela de Agustí se realza el contraste entre el alma romántica de Mariona y el carácter frío y calculador de Joaquín Ríus. A la izquierda, escena de la adaptación cinematográfica de* Mariona Rebull.

El bosque animado

El auténtico protagonista de El bosque animado *es la encantada fraga de Cecebre en la Galicia rural. De esta novela también se ha realizado una versión para el cine, protagonizada, entre otros, por Alfredo Landa (abajo).*

Desmitificación y fantasía

No sería justo olvidar otras obras que, si no tuvieron la misma resonancia, sí aportaron algunas tentativas diferenciadas del realismo que triunfó entonces. Torrente Ballester no tuvo éxito con su *Javier Mariño* (1943). Su intento de novela intelectual derivó hacia la desmitificación en *El golpe de estado de Guadalupe Limón* (1946), que, emparentada con el género de las novelas de dictador, constituye una búsqueda en el desarrollo y falsedad de un proceso de mitificación. En ella Torrente encontraba ya los procedimientos narrativos que algún día lo encumbrarían al lugar que ocupa en la novela española de nuestro tiempo: planteamientos desmitificadores sustentados en la parodia, la ironía y el humor de raíz intelectual.

Otro eslabón importante en la novela de los cuarenta fue *El bosque animado* (1943), en la cual un escritor de la generación del 14, Wenceslao Fernández Flórez (1885-1964), ya consagrado antes de la Guerra Civil, consigue la obra de mayor riqueza imaginativa de la posguerra. Esta novela lírico-fantástica, vinculada con la realidad y el folclore gallegos, aportaba entonces una síntesis de imaginación, humor y poesía entroncada con la realidad mítica popular, que sustenta el mundo onírico del bosque y de sus figuras maravillosas.

El futuro había comenzado

Con muchas dificultades, propias de una situación de posguerra, las primeras manifestaciones de la novela fueron llevadas a cabo en los años cuarenta por autores de la generación del 36: Cela, Agustí, Laforet, Gironella, Torrente Ballester y, algo más tarde, Miguel Delibes. A ellos se sumaron algunos escritores de generaciones anteriores, como Zunzunegui o Fernández Flórez. Como ha explicado Martínez Cachero, los jóvenes del medio siglo, que protagonizaron la renovación de la novela española en la década siguiente, «no partían ya del cero absoluto, sino de algunas positivas realidades». Porque estas novelas destacadas en los años cuarenta son precursoras de tendencias dominantes en la década siguiente: *La familia de Pascual Duarte* anuncia la corriente existencial, en la que se incluye también *Nada*, precursora a su vez del neorrealismo dominante en los años cincuenta. *El golpe de estado de Guadalupe Limón* abría una tendencia desmitificadora que tendrá su continuación, entre otros, en el mismo Torrente Ballester. Las novelas de Agustí y de Zunzunegui constituyen sendas tentativas de conservación del realismo tradicional, que Torrente Ballester adecúa a los nuevos tiempos en *Los gozos y las sombras* y el propio Zunzunegui en todas sus novelas. *El bosque animado* es entonces una isla de lirismo, humor y fantasía, que renacerán en el realismo mágico de las novelas de Cunqueiro y en *Alfanhuí*, de Sánchez Ferlosio.

El renacer de la novela

En Nada *Andrea es una joven huérfana que llega a Barcelona para estudiar en la universidad. En la gran urbe navega a la deriva entre el ambiente universitario y la vida familiar con sus tíos, hasta que ambos mundos se encuentran al descubrir Andrea las antiguas relaciones de la madre de su amiga Ena con su tío Román, que ahora también se entiende con la misma Ena. El entusiasmo del comienzo deja paso al desencanto final. (Izquierda, escena de la adaptación cinematográfica de esta obra de Carmen Laforet.)*

Camilo José Cela

La concesión del Premio Nobel de Literatura 1989 a Camilo José Cela (Iria Flavia, Padrón, La Coruña, 1916) ha refrendado en el mundo entero la extraordinaria calidad literaria de uno de los más grandes prosistas españoles menos premiados. De Cela podría decirse lo que él mismo afirmó de un colega suyo en el arte de escribir: probablemente no pudo ni quiso ser otra cosa que escritor. De su obra, la Academia Sueca destacó su «prosa rica e intensa, que con refrenada compasión configura una visión provocadora del desamparado ser humano».

Cela ha desarrollado múltiples facetas relacionadas con la escritura. Es autor de algunos poemas (*Pisando la dudosa luz del día);* recuperó la tradición de los libros de viajes (*Viaje a La Alcarria,* entre otros); escribió muchas narraciones cortas, apuntes carpetovetónicos; llevó a cabo labores de filólogo en su *Diccionario secreto;* ha realizado una cuidadosa versión del *Quijote* al castellano actual; y es, sobre todo, autor de unas cuantas novelas que abrieron cauces nuevos en la narrativa española de su momento.

En la inmediata posguerra, *La familia de Pascual Duarte* (1942) constituyó la primera señal de energía renovadora por su interés humano y fuerza expresiva que entroncaban con la tradición novelística española, lejos del mundo falso y convencional de la literatura nacionalista triunfante entonces. En los años cincuenta, *La colmena* (1951) contribuyó a la rehumanización de la novela y anticipó las técnicas de la narrativa neorrealista desarrollada en la década. *San Camilo 1936* (1969) y *Oficio de tinieblas 5* (1973) fueron las aportaciones de Cela a la novela experimental de los años sesenta y setenta. Finalmente, *Mazurca para dos muertos* (1983), que por su simbiosis de gallego y castellano fue llamada por F. Umbral «Mazurca para dos lenguas», y *Cristo versus Arizona* (1988) confirman en la década de los ochenta las excelencias de su prosa y la persistencia de los temas característicos en la trayectoria del autor.

Sin duda, Cela es el novelista que desde la inmediata posguerra ha mantenido una presencia más constante y significativa en todas las fases de evolución de la novela española de los últimos cincuenta años, con alguna aportación decisiva en cada momento.

«Cela, grande entre los grandes,
ha renovado y vitalizado la
lengua como pocos.»

El título Pisando la dudosa luz del día *procede de un poema de Góngora.*

«La literatura, aventurada e
irreversiblemente, es mi vida y
mi muerte y sufrimiento...»

Camilo José Cela también ha creado una imagen pública provocadora y popularmente conocida por ciertas extravagancias y desplantes. He aquí dos ejemplos. En Baraja de invenciones (1953) afirmaba esto: «Me considero el más importante novelista español desde el 98. Y me espanta el considerar lo fácil que me resultó. Pido perdón por no haberlo podido evitar.» Y en 1969 dedicaba con las siguientes palabras su novela San Camilo 1936: «A los mozos del reemplazo del 37, todos perdedores de algo: de la vida, de la libertad, de la ilusión, de la esperanza, de la decencia.

Y no a los aventureros foráneos, fascistas y marxistas, que se hartaron de matar españoles como conejos y a quienes nadie había dado vela en nuestro propio entierro.»

2. Renovación de la novela en los años cincuenta

LA SISTEMÁTICA RENOVACIÓN de la novela en la posguerra se realiza en los años cincuenta. Su consolidación fue posible porque algo se había hecho antes y porque ahora España empieza a superar la autarquía cultural. La salida del aislamiento comienza con la incorporación a los organismos internacionales (UNESCO, ONU); la censura manifiesta ciertos signos de tolerancia mínima, sobre todo en la segunda mitad de la década; y en las obras de los grandes renovadores del género en la literatura occidental nuestros novelistas descubren nuevas técnicas narrativas, tanto en los autores del neorrealismo literario y cinematográfico italiano o en los escritores de la «generación perdida» norteamericana como en la literatura francesa de la posguerra europea, sobre todo en el existencialismo y en las primeras manifestaciones del *nouveau roman*.

Representativos de la «generación perdida» son J. Dos Passos, E. Hemingway, W. Faulkner y Scott Fitzgerald. A. Moravia, C. Pavese y E. Vittorini lo fueron del neorrealismo literario italiano, practicado en el cine por R. Rossellini y defendido por el teorizador C. Zavattini. J.P. Sartre y A. Camus son figuras cimeras de la literatura existencialista en la posguerra europea. Y A. Robbe-Grillet, N. Sarraute, M. Butor y C. Simon fueron las cabezas visibles del *nouveau roman* francés.

Son los novelistas de la generación del medio siglo los que llevan a cabo esta renovación, especialmente en el segundo lustro de la década, pero antes habían contribuido notablemente algunos autores de la generación del 36, con aportaciones que pueden ordenarse en tres direcciones: introducción de nuevas técnicas narrativas, depuración actualizadora del realismo tradicional y novela fantástica.

Técnicas narrativas en la generación del 36

La colmena fue entonces una novela afortunada: sin duda una de las mejores obras de Cela, tuvo que publicarse en Buenos Aires, en 1951, pero pronto fue conocida en España. Parecida fortuna sigue acompañando hoy a esta obra: siendo muy pocas las novelas de posguerra que han llegado a la edición comentada con prólogo y notas, *La colmena* cuenta ya con tres. Es una ambiciosa novela con una construcción compleja y con más de trescientos personajes que, en forma de protagonista colectivo, representan la amarga existencia diaria de la ciudad de Madrid en la posguerra, a lo largo de tres días escasos del año 1943. *La colmena* contribuyó de este modo a la rehumanización de la novela y a su preferencia por las situaciones de la posguerra. Pero su aportación formal fue aún más relevante, pues su organización constructiva se convirtió en modelo estructural de la novela neorrealista y del realismo social que se impusieron después. Su reducción espacial y temporal venía exigida por el afán de relatar la crónica social de

La colmena

Nathalie Sarraute, Claude Simon, Michel Butor y François Mauriac, integrantes del llamado nouveau roman.

La colmena

«*Esta novela mía no aspira a ser más —ni menos, ciertamente— que un trozo de vida narrado paso a paso, sin reticencias, sin extrañas tragedias, sin caridad, como la vida discurre, exactamente como la vida discurre.*» (*Nota del autor a la primera edición de* La colmena.) (*Arriba*) *portada del censo de personajes de* La colmena. *A la derecha, fotograma de la versión cinematográfica.*

una ciudad con una gran densidad de población. Y para que el protagonismo colectivo se integrase en una construcción novelística coherente fue necesaria, además, la fragmentación del texto en secuencias interdependientes y la supresión de la relativa autonomía de los capítulos en la novela tradicional. Esta construcción compleja se revela así como el adecuado cauce formal para expresar la soledad y vacío existencial en aquellos seres atrapados en una simbólica colmena urbana. Y debe añadirse que la estrategia narrativa de *La colmena* constituye una hábil combinación de objetivismo en los diálogos y omnisciencia en las intervenciones del narrador, lo cual hace posible aunar en el mismo texto la ilusión de realidad de aquellas vidas entrelazadas y el virtuosismo estilístico de la prosa celiana.

La colmena constituyó una aportación fundamental a la renovación de la novela en los años cincuenta, pero no fue la única. A un propósito semejante responde *La noria* (1952), otro título simbólico, en la cual Luis Romero (1916) expone una visión panorámica de la ciudad de Barcelona, ejemplificada en una larga treintena de personajes representativos de la colectividad. La rutina y la angustia del vivir cotidiano, la soledad y la incomunicación son temas fundamentales de la realidad vivida en la posguerra barcelonesa, expresada simbólicamente en la imagen de la noria. Esta novela ofrecía,

además, abundantes manifestaciones del estilo indirecto libre y del monólogo interior como procedimientos eficaces para indagar en la mente de los personajes.

El estilo indirecto libre es uno de los procedimientos más característicos de las novelas publicadas entonces por Miguel Delibes. Si *La colmena* y *La noria* eran novelas de ciudad, las de Delibes, desde *El camino* (1950) hasta *Las ratas* (1962), pasando por el *Diario de un cazador* (1955), son obras con las que el autor se consagra como intérprete del campo y la ciudad castellanos, narraciones en las que la exaltación de la Arcadia castellana y la denuncia social se aúnan en el mismo texto o caminan por separado. La coherencia artística y moral preside toda su trayectoria novelística, marcada por la autenticidad, por la búsqueda del verdadero camino. Sus novelas transmiten un sentimiento de solidaridad y su verdad artística se sustenta en la fidelidad, porque la realidad castellana se presenta desde el pensamiento y el lenguaje de sus gentes.

El reconocimiento público de los autores citados no debe hacernos olvidar las aportaciones de otros en aquellos mismos años. Elena Quiroga (1919) publica dos novelas técnicamente renovadoras, *Algo pasa en la calle* (1954) y *La careta* (1955), cuyos procedimientos mejor logrados están en su reducción espacial y temporal, y en el uso pertinente del estilo indirecto libre y de algunos monólogos interiores. Pero la técnica del monólogo interior, también en un marco de reducción espacio-temporal y en una ordenación retrospectiva, se utilizó entonces, de forma más elaborada, en otra novela de la década, en una obra de Alejandro Núñez Alonso (1905-1982), tal vez más conocido por sus novelas históricas, que empezó a publicar a finales de los cincuenta. Se trata de *La gota de mercurio* (1954), novela constituida por la narración apócrifa de la vida del pintor Pablo Cossío y su rememoración evocadora por parte del protagonista, mentalmente enfermo, en los momentos precedentes al suicidio que proyecta.

Otras novelas de orientación existencialista o social, que ya sólo citaremos de pasada, son *Las últimas horas* (1950), de José Suárez Carreño (1914), *Con la muerte al hombro* (1954) e *Hicieron partes* (1957), novelas existencialistas de orientación católica, de Castillo-Puche (1919), y *La otra cara* (1961), novela social de Corrales Egea (1919), publicada originariamente en París.

Delibes. Otras novelas renovadoras

Miguel Delibes (arriba) nació en Valladolid, en 1920. Tanto en su vida como en su literatura ha mostrado una ponderada coherencia ideológica, que se manifiesta en su personal visión del mundo, acorde con una evolución literaria ininterrumpida y sin grandes sobresaltos. S. Rodríguez Santerbás lo definió como «un cazador que escribe», palabras que el autor asume con agrado.

Torrente Ballester

Conservación del realismo tradicional

Otros autores de la generación del 36, más que al ensayo de técnicas renovadoras, se dedicaron a una reactualización depuradora del realismo tradicional, ajustando aquellos procedimientos y recursos que seguían siendo válidos en la novela del siglo XX después de los cambios profundos introducidos por Proust, Joyce y Kafka, entre otros. Éste fue el empeño de Torrente Ballester en su trilogía *Los gozos y las sombras,* cuya acción se sitúa en un lugar imaginario de Galicia. En *El señor llega* (1957), *Donde da la vuelta el aire* (1960) y *La Pascua triste* (1962) se muestra el enfrentamiento entre el materialismo industrial, que por medios económicos somete a toda la sociedad, y la actitud intelectual que, estancada en el puro raciocinio, no logra movilizar a casi nadie. Torrente consigue, en estas obras, presentar un mundo de pasiones exaltadas y de ideas contrarias, encarnado en una serie de personajes individualizados y aglutinados en el protagonismo dual de un ingeniero y un psiquiatra, así como el ambiente de inquietud social y política en la España de la preguerra.

Entre otras novelas de realismo tradicional, escritas por novelistas de generaciones anteriores, hay que recordar algunas de Zunzunegui, que publica ahora sus mejores obras: *Esta oscura desbandada* (1952), *La vida como es* (1954) y *Una mujer sobre la tierra* (1959).

La trilogía de Torrente Ballester Los gozos y las sombras *tuvo escasa fortuna en el momento de su publicación. Reeditada más tarde por Alianza Editorial, pudo ser conocida por algunos lectores a principios de los años setenta. Pero el milagro se produjo más de veinte años después de su aparición gracias a la popularidad de la serie televisiva a comienzos de los ochenta: la trilogía se situó entre los libros más vendidos y leídos del momento. A la derecha, escena de la mencionada serie.*

La novela fantástica

Álvaro Cunqueiro

Aunque no tuvo mucho éxito en una época dominada por la literatura realista, volcada en temas existenciales y sociales, en los años cincuenta afloró una tendencia de novela fantástica, que se anticipaba en gran medida a bastantes novedades que acabarían imponiéndose en años siguientes. Éste fue el caso de Álvaro Cunqueiro (1912-1981), con tres novelas excepcionales: *Merlín y familia* (1957), *Las crónicas del sochantre* (1959) y *Las mocedades de Ulises* (1960); y en la orientación fantástica figuran *La puerta de paja* (1952), del ensayista gallego de la generación Nós Vicente Risco (1884-1963), y la «historia castellana y llena de mentiras verdaderas» que Rafael Sánchez Ferlosio, escritor de la generación del medio siglo, contó en *Industrias y andanzas de Alfanhuí* (1951), especie de novela picaresca llevada al terreno poético.

La fantasía lúdica de Álvaro Cunqueiro lo convierte en un novelista de excepción en nuestra literatura. Dueño de múltiples saberes y de una imaginación portentosa, Cunqueiro ha dejado libros inolvidables, que, sin embargo, no llegaron al gran público debido tal vez a su condición de escritor bilingüe, en gallego y en castellano, y a su modo de contar nunca sometido a las modas, a las que, en cambio, se anticipó con frecuencia. Cambio de tiempo *de Remedios Varo (izquierda).*

Novelistas del medio siglo

La generación del medio siglo

En la segunda mitad de la década que nos ocupa se produce la aparición y rápida consagración de otra generación de novelistas. Son los jóvenes de la generación del medio siglo, que, nacidos entre 1924 y 1936, vivieron la Guerra Civil durante su infancia y sufrieron en su formación cultural todas las restricciones de la posguerra. Ellos dieron el impulso definitivo a la renovación de la novela española en el segundo lustro de los años cincuenta, hasta que en 1962 uno de ellos, Luis Martín Santos, inicia con *Tiempo de silencio* una nueva etapa de búsqueda y experimentación de estructuras y formas más complejas que algunos novelistas del medio siglo acabarán llevando a extremos de auténtico manierismo estructural.

Entre las aportaciones y tendencias más relevantes de la generación del medio siglo en la década de los años cincuenta es ya un lugar común entre la crítica distinguir dos tendencias básicas, el neorrealismo y el realismo social, las cuales intensificaron la rehumanización de los contenidos novelísticos, cada vez más orientados por una actitud de compromiso del escritor con la sociedad del momento. Muchos de estos escritores se convirtieron en testigos denunciadores del atraso material y de las injusticias sociales de aquella época, ofreciendo una información que la prensa falseaba deliberadamente o escamoteaba a causa de la censura. Por eso fueron pocos los que supieron salvaguardar la calidad artística de sus textos, orientados preferentemente por la urgencia de la denuncia y sometidos a una concepción instrumental de la literatura, en la línea sartreana del compromiso histórico y moral del escritor.

Era la época en que Blas de Otero afirmaba aquello de «escribo como escupo» y dedicaba sus poemas «a la inmensa mayoría»; Alfonso Sastre defendía que «lo social es una categoría superior a lo artístico»; y Gabriel Celaya escribía estos versos en el célebre poema *La poesía es un arma cargada de futuro*.

Blas de Otero (arriba) fue una de las figuras más representativas de la poesía existencial en los años cincuenta. Su poesía desarraigada, de tonos broncos y estilo desgarrado, llega a la cumbre en Ángel fieramente humano *(1950) y* Redoble de conciencia *(1951), libros reunidos después en* Ancia *(1958).*

«Maldigo la poesía concebida como un lujo / cultural por los neutrales / que, lavándose las manos, se desentienden y evaden. / Maldigo la poesía de quien no toma partido hasta mancharse.»

Novelistas del medio siglo

Además del citado Luis Martín Santos (1924-1964), podríamos destacar a Antonio Ferres (1924), Ignacio Aldecoa (1925-1969), Armando López Salinas (1925), Carmen Martín Gaite (1925), José Manuel Caballero Bonald (1926), Ana María Matute (1926), Jesús Fernández Santos (1926-1988), Rafael Sánchez Ferlosio (1927), Juan Benet (1927), Juan García Hortelano (1928), Alfonso Grosso (1928), Carlos Rojas (1928), Jesús López Pacheco (1930), Antonio Prieto (1930), Juan Goytisolo (1931), Daniel Sueiro (1931-1987), Juan Marsé (1933), Ramón Nieto (1934), Francisco Umbral (1935), Luis Goytisolo (1935) e Isaac Montero (1936). Por edad pueden incluirse también en esta generación otros escritores, como Ramón Hernández (1935), Miguel Espinosa (1926-1982), Leopoldo Azancot (1935), Raúl Guerra Garrido (1936) y Javier Tomeo (1931), aunque por las fechas de publicación de sus obras se acercan mucho más a la generación siguiente, la del 68.

Esta es la generación de los llamados «niños de la guerra». Formados en la inmediata posguerra, los escritores del medio siglo padecieron la penuria cultural de aquellos años.

El neorrealismo

(Abajo) Pórtico de Durango, *de Zubiarri.*

El neorrealismo

Apoyados por determinados críticos y algunas editoriales, muchos de estos escritores coincidieron en la defensa de la función social de la literatura. Autores del neorrealismo y del realismo social reciben las mismas influencias y aparecen estrechamente relacionados, sobre todo en el núcleo madrileño de *Revista Española* y en el grupo barcelonés con Juan Goytisolo como puente de relación entre ambos. Sin embargo, a pesar de servirse de las mismas técnicas y de otras coincidencias, los autores del neorrealismo, que anteriormente ya habían alcanzado algunos logros, se distinguen por su mayor cuidado en la elaboración formal de sus obras, que de este modo ganan en coherencia artística y en calidad literaria. El núcleo básico de novelistas del neorrealismo hizo sus primeras apariciones públicas en *Revista Española,* en la que trabajaron Aldecoa y Sánchez Ferlosio y en la que publicó algún trabajo Fernández Santos, justamente los autores más significativos de la tendencia.

Ignacio Aldecoa proyectó en estos años tres trilogías, con la intención de mostrar la «épica de los pequeños oficios». Sólo vieron la luz tres novelas, llenas de hondo significado humano y muy elaboradas en su estructura y estilo: *El fulgor y la sangre* (1954) y *Con el viento solano* (1956), sobre el mundo de guardias civiles y gitanos, respectivamente; y la que tal vez sea la mejor novela del autor, *Gran Sol* (1957), sobre la heroica existencia cotidiana de los marineros dedicados a la pesca de altura en la zona cuyo nombre figura en el título de la novela.

Profunda comprensión humana, parecida denuncia y semejantes procedimientos técnicos se hallan en *Los bravos* (1954), en la cual Jesús Fernández Santos indaga

Ignacio Aldecoa

Las chabolas del madrileño Pozo del Tío Raimundo (abajo) son buena muestra de la miseria suburbial en la posguerra.

El Jarama

en la sociedad rural española a través de la monótona vida diaria de unos campesinos de un pueblo leonés dominado por el caciquismo y entregado al duro trabajo, sin más horizonte que la soledad impuesta por su aislamiento geográfico.

La novela que mayor impacto causó en el segundo lustro de esta década fue *El Jarama* (1956), de Sánchez Ferlosio, obligado punto de referencia de toda la narrativa neorrealista y del realismo social. Su banalidad aparente y su trascendencia profunda se resumen en el propósito del autor, que definió su novela como un espacio y un tiempo acotados para ver simplemente lo que sucede allí. Con la captación del presente en aquellos jóvenes excursionistas y en las gentes de la venta a orillas del río se expresa y resume el estado de la colectividad. Darío Villanueva ha destacado los aspectos más notables de la renovación temática y formal de esta «epopeya de la vulgaridad»: equilibrio y armonización del objetivismo narrativo en las escenas miméticas de la realidad y de la omnisciencia subjetiva en la extraordinaria elaboración poética de las descripciones de la naturaleza; unanimismo en su reducción espacial y temporal; ritmo hu-

Las relaciones personales fueron muy estrechas entre algunos escritores de la generación del medio siglo. En el grupo madrileño cabe recordar los matrimonios habidos entre Rafael Sánchez Ferlosio y Carmen Martín Gaite (derecha), y entre Ignacio Aldecoa y Josefina Rodríguez.

mano y perfecto equilibrio entre la fidelidad a la lengua hablada y su fecunda proyección estética.

En el neorrealismo se incluyen también *Entre visillos* (1958), novela de Carmen Martín Gaite sobre la estrechez espiritual de una sociedad provinciana, y algunas obras de Ana María Matute: *Fiesta al noroeste* (1953), *Pequeño teatro* (1954), *Los hijos muertos* (1958), cuyos contenidos se centran en la envidia cainita, la incomunicación humana y el mundo de los niños.

El realismo social

A medida que nos acercamos al final de la década, el neorrealismo deriva hacia el realismo social en unas novelas centradas en el mundo obrero del suburbio y, a veces, en la inutilidad burguesa, en las que se intensificó la denuncia social en perjuicio de la calidad artística, con una defectuosa construcción y estilo descuidado en sus textos. Puesto que en un sentido amplio prácticamente todas las novelas pueden ser sociales, debemos considerar en este apartado el concepto de novela social en su dimensión más estricta, en la cual sólo entran con propiedad aquellas obras que manifiestan un decidido afán por denunciar la injusticia en una sociedad de clases, llegando a planteamientos económicos y políticos con el ánimo de alcanzar una solución.

Prevaleció, pues, la denuncia en los contenidos y los valores estéticos quedaron relegados a segundo plano. Por eso, de las numerosas novelas sociales publicadas en aquellos años, pocas han resistido el paso del tiempo. Es el caso de *Central eléctrica* (1958), de Jesús López Pacheco, sobre la explotación de unos campesinos en la construcción de un embalse; *La zanja* (1961), de Alfonso Grosso, con la denuncia de las extremas diferencias sociales en un pueblo andaluz; *Nuevas amistades* (1959) y *Tormenta de verano* (1962), de Juan García Hortelano, sobre la inutilidad y la abulia de la clase burguesa; y *Dos días de setiembre,* de Caballero Bonald, sobre la explotación feudal en un pueblo vinícola de Andalucía. Algo más tarde apareció *La noche más caliente* (1965), en la cual Daniel Sueiro ofrece un claro ejemplo del cainismo en la posguerra española mediante las rencillas pueblerinas entre los representantes del poder político y el económico.

Novelas sociales

Juan García Hortelano (arriba) se reveló a finales de los años cincuenta como uno de los más genuinos defensores del realismo social, que llevaría a la práctica en obras en las que el objetivismo narrativo alcanza seguramente las cotas más elevadas en el curso de nuestra novela.

Miguel Delibes

La concesión del Premio Nadal de 1948 a *La sombra del ciprés es alargada* descubrió para la novela española a Miguel Delibes (Valladolid, 1920), hasta entonces un desconocido. Desde aquel momento, la actualidad literaria ha venido acrecentando el inmenso prestigio del escritor castellano, consagrado definitivamente entre críticos y lectores a partir del esfuerzo de superación formal y depuración estilística que culminaron en el acierto rotundo de *Cinco horas con Mario* (1966), una de las obras maestras de la novela española de la posguerra, una de las más perfectas en su construcción formal y en su comprensión abarcadora del pasado inmediato.

Ya antes había conocido el éxito en obras como *El camino* (1950), *Diario de un cazador* (1955) y *Las ratas* (1962), en las cuales Delibes llevó a cabo la creación de un mundo propio. Y después, salvo el caso singular de *Parábola del naúfrago* (1969), el autor ha mantenido una encomiable fidelidad a sí mismo en una trayectoria narrativa muy coherente. Novelas como *Las guerras de nuestros antepasados* (1975), *El diputado voto del señor Cayo* (1978), *Los santos inocentes* (1981) y *377 A, madera de héroe* (1987) confirman el carácter unitario de su trayectoria narrativa. Delibes es, además, el novelista español de nuestro tiempo más ampliamente aceptado y menos discutido entre críticos y lectores, quienes unánimemente han concedido su plácemen a un universo literario tejido con unos pocos temas enraizados en la naturaleza y en las relaciones humanas y sociales. Sus novelas se centran preferentemente en espacios rurales de Castilla amenazados de destrucción y en el afán de transmitir una insobornable lección moral; se sitúan en las coordenadas temporales de la agitada historia española de las última décadas; y tienen como norte literario una rigurosa depuración estilística que lleva a la consolidación de una personal estética de los elementos mínimos del relato.

Delibes, un novelista
enraizado en el
paisaje castellano.

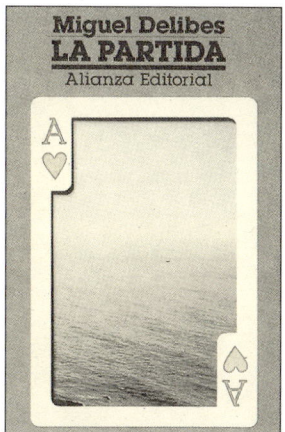

prisas cada vez mayores del actual mundo informatizado y dominado por la imagen no son un medio muy propicio para la lectura ni para la escritura. He aquí una propuesta de Delibes acerca de la novela: «Pienso escribir cada vez más ceñido. Mis próximas novelas, si las hay, serán cada vez más sintéticas e intentaré decir todo lo que desee narrar en el menor número de páginas posible.» La supervivencia de la novela en un mundo plagado de ofertas audiovisuales «sólo se puede lograr si es corta». La novela de grandes dimensiones era adecuada para los grandes ocios del siglo pasado, pero «hoy ya no tiene razón de ser».

defensa de la naturaleza y de las gentes que viven en contacto con el mundo rural es uno de los temas más queridos en las novelas de Miguel Delibes, gran aficionado a la pesca y a la caza.

3. Nuevas técnicas narrativas en los años sesenta y setenta

LOS AÑOS SESENTA constituyen una época de cambios importantes en España, si no en lo político, sí al menos en lo económico y lo cultural. El cambio político se producirá a partir de 1975, con la muerte de Franco y el fin de la Dictadura. Pero la transformación en la novela se había producido bastante antes: una vez más, la literatura se había anticipado.

A este cambio de rumbo novelístico contribuyeron algunas circunstancias históricas y, sobre todo, ciertos factores literarios. Entre las primeras cabe recordar que en los años sesenta España sale de su aislamiento internacional y experimenta un desarrollo económico que la convierte en una potencia industrial. El auge del turismo favorece la renovación de las costumbres y los intercambios con el extranjero; la cultura española se recupera de su anquilosamiento y cobra nueva energía, que aumentará considerablemente con el fin de la Dictadura; y la censura manifiesta cierta flexibilidad, con la Ley de Prensa de 1966, aunque se prohibió la edición española de novelas de Juan Goytisolo, Daniel Sueiro y Juan Marsé, por ejemplo, que tuvieron que publicarse en editoriales extranjeras.

Pero fueron los factores literarios las principales causas determinantes del cambio de rumbo novelístico. Las novelas sociales, que en abrumadora cantidad inundaron el mercado a finales de los años cincuenta y principios de los sesenta, acabaron provocando el cansancio de los lectores. La balanza de la narrativa se había desviado hacia uno de sus extremos. El equilibrio del neorrealismo se rompió en favor de los contenidos críticos y en contra de la elaboración formal. Sirvan de muestra del error estético cometido entonces estas palabras en las que, años más tarde, Juan Goytisolo, uno de los más fervorosos defensores del realismo social, reconocía que

Narrativa hispanoamericana

«supeditando el arte a la política rendíamos un flaco servicio a ambas: políticamente ineficaces, nuestras obras eran, para colmo, literariamente mediocres; creyendo hacer literatura política, no hacíamos ni una cosa ni otra».

Y es justamente Juan Goytisolo uno de los ejemplos más ilustrativos del cambio radical experimentado en la novela española a partir de *Tiempo de silencio* (1962), de Luis Martín Santos, y del auge de la novela hispanoamericana en los años sesenta, que empieza con la concesión del Premio Biblioteca Breve a *La ciudad y los perros,* de Mario Vargas Llosa, en 1962, año en que también se publicó *Bomarzo,* la gran novela histórica de Manuel Mujica Láinez. El auge de la novela hispanoamericana en España llegará a su cima con la publicación de *Cien años de soledad* (1967), de Gabriel García Márquez.

Manuel Fraga Iribarne (arriba), entonces ministro de Información y Turismo, fue el artífice de la Ley de Prensa de 1966. Aunque no fue una solución satisfactoria para los problemas creados por la censura, contribuyó a paliar el rigor y la arbitrariedad de muchas prohibiciones. A la izquierda, escena del Rastro madrileño.

Luis Martín Santos

El impacto de Tiempo de silencio

La obra que marcó el cambio de rumbo de la novela española hacia la búsqueda de experimentos narrativos fue *Tiempo de silencio* (1962). Con ella, Luis Martín Santos demostraba que se podía escribir una novela social con igual o mayor dosis de denuncia y de crítica sometiendo la realidad a una profunda revisión e interpretación intelectual, a unos esquemas míticos y a una novedosa —en España— renovación experimental de las técnicas narrativas y del componente lingüístico. Por eso, esta novela provocó un revulsivo en la narrativa española, estancada en el realismo social.

«Es un tiempo de silencio [...]. Por aquí abajo nos arrastramos y nos vamos yendo hacia el sitio donde tenemos que ponernos silenciosamente a esperar silenciosamente que los años vayan pasando y que silenciosamente nos vayamos hacia donde se van todas las florecillas del mundo.» (Tiempo de silencio.)

Tiempo de silencio

La novedad de *Tiempo de silencio* estaba en su forma —estructura, técnica narrativa, lenguaje—, no en su contenido, aunque también en ciertos aspectos del contenido el autor se propuso la superación de la simple denuncia y testimonio críticos. Esto se debe a que, en el análisis de los problemas individuales, sociales y culturales que se abordan en la novela, el autor se ha servido de algunas corrientes fundamentales del pensamiento contemporáneo. El carácter existencial de la obra y su simbolismo de la amarga condición humana, por la imagen de una vida degradada y a veces nauseabunda, se apoya en la frustración personal del joven investigador médico que protagoniza la novela: su fracaso existencial es consecuencia del atraso científico que le rodea y de la miseria social de la posguerra en la ciudad de Madrid, en 1949, marco en el que el autor proyecta unos personajes de distintos grupos sociales, analizados en sus relaciones de clase; pero el protagonista también es culpable de su propio fracaso, por su indecisión, su inseguridad, sus contradicciones y su debilidad para llevar a cabo su proyecto personal. Martín Santos utiliza estos elementos desde el enfoque del intelectual que pretende explicar las causas de aquella sociedad vacía y depauperada y del fracaso existencial de quienes la componen. Para ello, como ha explicado Alfonso Rey, el autor se ha servido del marxismo en el análisis de los condicionamientos sociales, del existencialismo en la exposición de la aventura de sus personajes y del pensamiento de Ortega y Gasset en la revisión intelectual de la historia y la cultura españolas.

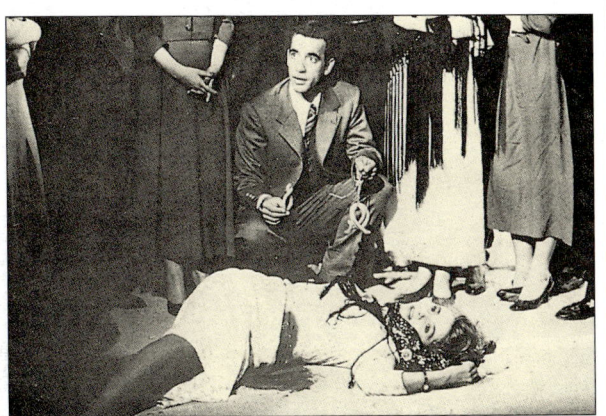

Homero contó en la Odisea *el regreso de Ulises (Odiseo) desde Troya a Ítaca. El irlandés James Joyce (arriba) elaboró en nuestro siglo una parodia del poema homérico en* Ulises, *localizada en Dublín. Y Martín Santos proyectó la herencia joyceana en el infierno madrileño de* Tiempo de silencio. *(Izquierda) escena de la película basada en la obra de Martín Santos.*

Tiempo de silencio

Los ambientes marginados son tema recurrente en la novela social. Abajo, barriada para gitanos en Valdepeñas (Ciudad Real).

Por su construcción y sus procedimientos técnicos y estilísticos, *Tiempo de silencio* intensifica la decidida práctica en España de los más significativos recursos experimentales de la novela occidental, adoptados, sobre todo, del *Ulises* (1922), de James Joyce, a quien tanto debe la obra de Martín Santos. Entre otros procedimientos técnicos ensayados con mayor o menor amplitud en *Tiempo de silencio* y más profundamente desarrollados en experimentaciones narrativas posteriores, hay que realzar, además de la fragmentación del relato y de la ruptura de la secuencia cronológica, la presencia de un narrador omnisciente que, dueño de plenos poderes, aprovecha al máximo su capacidad intelectual para interpretar la realidad novelada, con frecuentes referencias a esquemas míticos, parodias de digresiones intelectuales que revelan su intención irónica y aun sarcástica. Es muy notable el uso del monólogo interior, el perspectivismo múltiple en la visión de la realidad, la narración desde distintas personas gramaticales, la original presentación de algunos diálogos y la experimentación lingüística en todos los niveles del lenguaje.

Por el camino de la novela experimental

El aldabonazo de *Tiempo de silencio* determinó el cambio hacia una nueva orientación narrativa que Gonzalo Sobejano denominaría novela estructural. Y, después de algunos años de silencio, nuestros novelistas intentaron trascender la realidad social en favor de proyectos más ambiciosos, como la explicación de la España del momento a través de su historia remota o inmediata (J. Goytisolo, J. Fernández Santos, Cela), la novelización de angustiosas situaciones en una humanidad pararreal o futura (Delibes, D. Sueiro, A. Prieto) y la creación de enclaves míticos o fantásticos concebidos como abstracciones de la España real (Benet, Torrente Ballester).

La sola cita de algunos títulos de novelas es ya una buena muestra de esta profunda transformación: a las novelas sociales antes citadas suceden obras cuyos afanes experimentales se anuncian en la rareza de sus títulos, ya por su pintoresca fauna, como *El león recién salido de la peluquería* (1971), de Antonio F. Molina, o *El camaleón sobre la alfombra* (1974), de J. J. Armas Marcelo, ya por la extrañeza de las palabras destacadas,

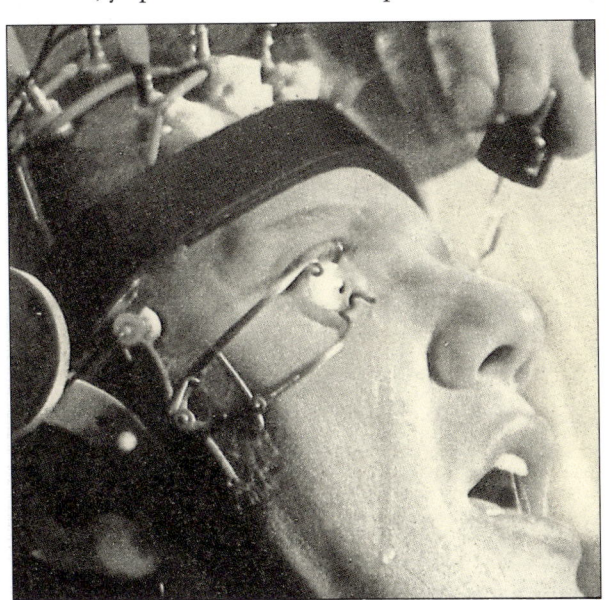

Novela experimental

Un ejemplo de situaciones angustiosas tratadas en las novelas de estos años puede ser Corte de corteza *(1969), de Daniel Sueiro. Localizada en Estados Unidos, en una época futura de gran desarrollo científico, esta novela muestra el trasplante de cerebro del intelectual Adam a David Davies y los problemas psicofísicos originados en la doble personalidad del nuevo ser: para la sociedad es David con el cerebro de Adam, pero él cree ser Adam renacido en el cuerpo de David. Problemas de igual actualidad se tratan en la película* La naranja mecánica *de Stanley Kubrick (izquierda).*

Novela experimental

como en *Heautontimoroumenos* (1973), de José Leyva, o *De vulgari Zyclon B manifestante* (1975), de M. Antolín Rato, ya por la adopción de enigmáticas fórmulas, como *P. Dem. A³ S* (1973), de Emilio Sánchez Ortiz.

Si antes la novela social había descuidado la elaboración artística del texto en favor del contenido, ahora la novela experimental llega a caer en el exceso contrario: se hace sólo discurso en el cual el ensayo de técnicas experimentales acaba desplazando el centro de interés, casi en exclusiva, al texto mismo, con virtuosismos manieristas que muchas veces resultan gratuitos. Este tipo de novela vanguardista, parodiado por Torrente Ballester en *La saga/fuga de J. B.* (1972), aparece en algunas obras de Cela, Juan Goytisolo, Luis Goytisolo, Juan Benet y llegará a la cima de su artificio en el ciclo de *Larva*, publicado por Julián Ríos a partir de 1983, si bien el auge del experimentalismo comienza a decaer a partir de 1975 con la recuperación de uno de los pilares de la novela: la historia relatada.

La experimentación de nuevas técnicas y diferentes modos de representación de diversas realidades es una constante en todas las artes, literatura, cine, música, pintura..., siempre en busca del enfoque novedoso y original. A la derecha, Un autre monde *de M. G. Escher.*

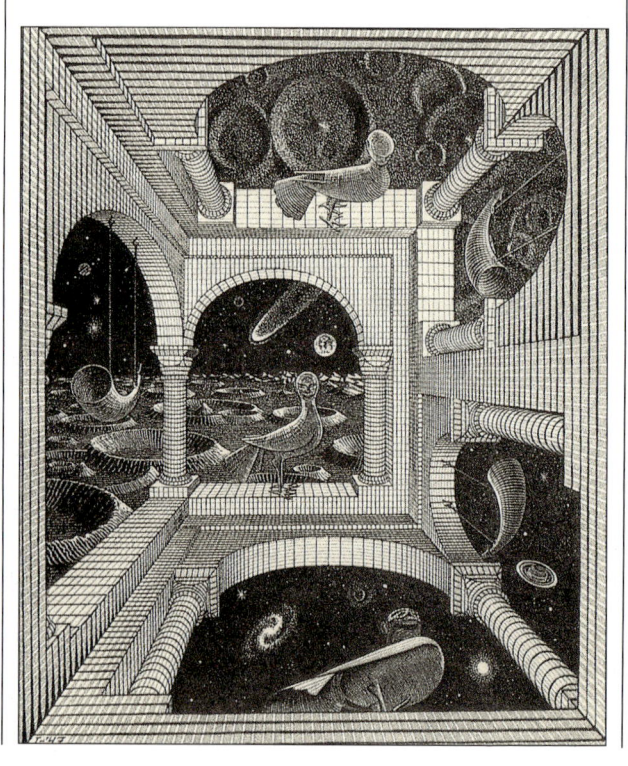

Evolución de los novelistas de la generación del medio siglo

Algunos autores de la generación del medio siglo que habían cultivado la novela social enmudecieron por largo tiempo: J. García Hortelano no reaparece hasta 1972, en que publica *El gran momento de Mary Tribune;* Luis Goytisolo, hasta 1973, en que, con *Recuento,* inicia la serie de *Antagonía;* J. López Pacheco, hasta 1973, con la publicación de *La hoja de parra;* y C. Martín Gaite y J. M. Caballero Bonald, hasta 1974, en que publican, respectivamente, *Retahílas* y *Ágata ojo de gato.*

Quienes habían cultivado la novela social se entregan ahora a una honda reflexión personal que tardaría en fructificar y los que, como el editor Carlos Barral y el crítico José M.ª Castellet, habían defendido aquel compromiso literario acabarán renegando de los principios que lo sustentaban. Sucedió así una renovación profunda en la novela española, que desembocaría en el experimentalismo a ultranza. Entre 1962 y 1966 no se publicó ninguna novela de verdadera importancia, salvo *Don Juan* (1963), de Torrente Ballester (generación del 36). Y las fechas de 1966 y 1969 se revelaron como años clave en esta evolución, como se puede deducir de la publicación de algunas novelas citadas en este apartado y en el siguiente.

Novela experimental

Jaime Gil de Biedma como poeta, Juan Goytisolo como novelista, Carlos Barral como editor y José María Castellet como crítico literario son figuras representativas de la evolución literaria de la generación del medio siglo. La trayectoria novelística de Juan Goytisolo experimentó en aquellos años un cambio radical.

J. Goytisolo
J. Benet

Precisamente en 1966 se produce un cambio radical en la trayectoria novelística de Juan Goytisolo, con el comienzo de su trilogía de «La destrucción de la España sagrada», compuesta por *Señas de identidad* (1966), *Reivindicación del conde don Julián* (1970) y *Juan sin tierra* (1975), con las cuales el autor se sitúa en la vanguardia de la experimentación formal. En su desgarrado análisis de la España tradicional estas novelas se enfrentan a un imposible reencuentro con el pasado, pasan por el extrañamiento, el desarraigo y la locura que conducen a la alucinación aniquiladora de la historia patria, y al final se impone la primacía del texto, la defensa de la novela como escritura autosuficiente, como realización puramente verbal.

También se inicia en estos años la consagración de Juan Benet como creador de un vasto ciclo novelesco localizado en el espacio mítico de Región. Desde *Volverás a Región* (1967) y *Una meditación* (1970) hasta *Saúl ante Samuel* (1980), que en muchos aspectos constituye la culminación de la saga regionata, la narrativa de Benet, considerada por algunos como paradigma de la modernidad, es un intento de comprender la ruina y la soledad de unos lugares y unas gentes perfilados como una alegoría de la España contemporánea y de su historia. Desde su afianzamiento en los años setenta, Benet, con su narrativa de modelos míticos y con una actitud estilística que rechaza toda imitación de la realidad en fa-

En las letras españolas de estos años hay pocas figuras tan polémicas como Juan Benet (derecha). Entronizado por unos y denostado por otros, este temprano lector de Proust, Conrad y Faulkner se convirtió en síntoma de época cuando la experimentación narrativa llegaba a su apogeo.

vor de la creación verbal, es uno de los ejemplos más ilustrativos de la destrucción de los elementos tradicionales del relato en historias camufladas, personajes difuminados y desfiguración espacial y temporal.

Si Juan Goytisolo y Juan Benet encabezaron la vanguardia experimental y ejercieron una notable influencia en escritores jóvenes, otros novelistas del medio siglo, sin llegar a tales artificios, desarrollaron una labor renovadora que en algunos casos cristalizó en obras importantes.

En el mismo año 1966, Juan Marsé dio a la luz con *Últimas tardes con Teresa* un amargo Quijote de la novela social en su visión crítica de la burguesía catalana representada en este caso por la juventud universitaria. Después completó con *Si te dicen que caí* (1973) su amarga visión de la posguerra barcelonesa, en los barrios pobres de la ciudad.

Manteniendo la fidelidad a su trayectoria personal, J. Fernández Santos publica, en 1969, *El hombre de los santos,* una de sus mejores novelas, en la cual un pintor fracasado sobrevive en la soledad presente con el recuerdo del pasado.

Finalmente, otras obras importantes son, además de las citadas al principio de este apartado, *Corte de corteza* (1969), de Daniel Sueiro; *Guarnición de silla* (1970), de Alfonso Grosso; *Secretum* (1972), de Antonio Prieto; y *La señorita* (1974), de Ramón Nieto.

J. Marsé
J. Fernández
Santos

Juan Marsé (izquierda) nació en Barcelona, en 1933. De su infancia y de su adolescencia en esta ciudad ha sabido extraer el mundo de sus novelas, en las cuales, unas veces juntamente y otras por separado, se hace una dura crítica de la burguesía catalana y se refleja el mundo de los marginados y la sordidez de los ambientes más pobres de la ciudad.

C. J. Cela

La generación del 36: aportaciones experimentales

Tendencias de experimentación y renovación parecidas a las señaladas entre los escritores del medio siglo se descubren en las aportaciones de los novelistas de la generación del 36, con Cela, Delibes y Torrente Ballester a la cabeza.

Por el camino de la experimentación formal se adentra la labor de Cela en obras como *San Camilo 1936* (1969) y *Oficio de tinieblas 5* (1973), con las cuales el autor se mantiene en primera línea de la vanguardia narrativa. En el primer caso se trata de un monólogo interior, construido en la segunda persona autorreflexiva que expone un conflicto individual y colectivo a la vez: la alucinada situación del pueblo madrileño en los momentos anteriores al estallido de la Guerra Civil. Y en *Oficio de tinieblas 5* Cela construye una novela poemática estructurada en mónadas a modo de versículos de diferente extensión, en la cual el pesimismo destruye toda esperanza humana en su visión amarga de la vida a través de un narrador que monologa consigo mismo y cuya angustiosa crisis es representativa del estado del mundo actual.

Sin ceder a la moda de tales experimentaciones formales, salvo en la novela *Parábola del náufrago* (1969), pesadilla kafkiana en la cual se expone una parábola de

Con frecuencia la Guerra Civil aparece directa o indirectamente como telón de fondo en muchas novelas. Abajo, el cartel La independencia de España *de Josep Renau.*

la degradación del hombre en la extraña metamorfosis de su protagonista, Miguel Delibes publica en este período algunas de sus mejores novelas. En *Las ratas* (1962) se presenta el atraso de la sociedad rural en un pueblo agrícola castellano. *Cinco horas con Mario* (1966), quizás su mejor obra, es una novela que consigue reflejar el tradicional enfrentamiento entre las dos Españas, en este caso representadas por un honrado intelectual liberal y por su esposa, quien, desde su ideología y conducta conservadora, dirige a su difunto marido un largo soliloquio lleno de reproches acerca de todos los asuntos en los que ambos no pudieron entenderse; en esta novela de la España del semidesarrollo, Delibes, ciñéndose al punto de vista de Carmen en su prolongado soliloquio, logra expresar a través de la ironía el conflicto colectivo de la falta de entendimiento entre la España tradicional y la progresista, a la vez que, guardando fidelidad artística a un personaje con el que no simpatiza ideológicamente, da cabida al conflicto individual

M. Delibes

El largo soliloquio de la viuda Carmen Sotillo en Cinco horas con Mario *ofrece muchas posibilidades teatrales como se ha podido comprobar en la excelente interpretación del personaje por la actriz Lola Herrera (izquierda). Otra novela de Delibes cuya versión teatral ha resultado afortunada es* Las guerras de nuestros antepasados.

Otras novelas relevantes

en el que la mujer puede desahogar su intimidad herida en una sociedad hecha a medida del varón. *Las guerras de nuestros antepasados* (1975) constituye un análisis de la violencia latente en la sociedad española a través del diálogo entre un hombre enfermo y su psiquiatra.

Otras aportaciones significativas de los novelistas del 36 en este período son *Un hombre que se parecía a Orestes* (1969), novela desmitificadora de Álvaro Cunqueiro sobre la ineficacia de los mitos compensadores en la sociedad materialista; y las narraciones, formalmente más apegadas a las técnicas tradicionales del relato, de Francisco García Pavón y José Luis Castillo-Puche. El primero llevó a cabo la españolización del género policíaco en una serie de ambientación popular y costumbrista protagonizada por Plinio, que culmina con *Las hermanas coloradas* (1970). Y Castillo-Puche insiste en estos años en temas centrados en desgarradas reflexiones interiores en la serie «El cíngulo», sobre la

Los problemas sociales, que habían sido tema preferente en la novela española de los años cincuenta, continuaron siendo abordados en obras de los sesenta y setenta, pero recibieron nuevos enfoques y tratamientos más subjetivos. En ocasiones acabaron siendo desplazados por inquietudes y obsesiones individuales. A la derecha, parados en Andalucía.

vida sacerdotal, en la que sobresale *Como ovejas al matadero* (1971).

Pero el novelista que más peso empieza a tener hacia finales de este período de novela experimental es Gonzalo Torrente Ballester. Ya en 1963 ofreció una versión intelectual y renovadora del mito del burlador en *Don Juan,* la única novela española de verdadera importancia publicada entre 1962 y 1966 —aunque sin éxito alguno— y de la cual su autor llegó a asegurar que «nació de un empacho de *realismo*».

Casi diez años más tarde aparece la primera obra de su trilogía fantástica, *La saga/fuga de J. B.*(1972), en la cual se lleva a cabo la parodia de la novela experimental y la recuperación del arte de contar historias en la novela. Como Cervantes en el *Quijote,* Torrente Ballester logró en *La saga/fuga* una original síntesis de realismo y fantasía, restaurando así el pacto narrativo con el lector, alejado de tanto discurso carente de interés.

Si en la interpretación que Torrente hace del *Quijote* el héroe cervantino inventa una quimera caballeresca a cuyo código adapta cuanto le rodea, también en *La saga/fuga* se levanta una gran ficción por medio de la capacidad imaginativa del narrador-protagonista. José Bastida, que siempre tuvo deseos de ser otro y habla con cuatro interlocutores o hipóstasis de su personalidad, es un mísero profesor de gramática en Castroforte del Baralla, donde los nativos se organizan en una grotesca Tabla Redonda. Bastida, feo y hambriento, es convocado porque conoce la historia de la ciudad y la leyenda de los Jota Be, lo cual aprovecha el humilde profesor para desplegar su imaginación e ir venciendo con sus invenciones a las personalidades más ilustres de Castroforte.

La saga/fuga surge así como un moderno «Quijote» de la cultura actual, como la parodia de unas convenciones narrativas extremadas en la novela experimental y como un empeño de recuperación de la historia como elemento narrativo por excelencia, apurando al máximo las posibilidades del relato, hasta límites insospechados.

Un colega del autor, Rodrigo Rubio, llegó a enjuiciar *La saga/fuga* como «fomidable novela, que a mí me pareció no ya lo mejor que se había publicado en España durante esos años, sino posiblemente lo más importante que había salido de las prensas en toda Europa».

La saga/fuga de J. B.

Gonzalo Torrente Ballester (arriba) nació en El Ferrol, en 1910. Dedicó su vida a la enseñanza de la lengua y la literatura españolas en Institutos de Bachillerato en España y algunos años en la Universidad de Albany en el estado de Nueva York. Todo ello no le impidió desarrollar una obra literaria de primera magnitud.

Novelistas del 68

Algunos de los novelistas nacidos entre 1937 y 1950 son Ramón Ayerra (1937), José Leyva (1938), José María Vaz de Soto (1938), Manuel Vázquez Montalbán (1939), Álvaro Pombo (1939), Germán Sánchez Espeso (1940), José Antonio Gabriel y Galán (1940), José María Merino (1941), Juan Pedro Aparicio (1941), Andrés Berlanga (1941), Luis Mateo Díez (1942), Jesús Torbado (1943), Mariano Antolín Rato (1943), Lourdes Ortiz (1943), Eduardo Mendoza (1943), José María Guelbenzu (1944), Eduardo Alonso (1944), Félix de Azúa (1944), Pedro Casals (1944), Cristina Fernández Cubas (1945), Juan José Millás (1946), J. J. Armas Marcelo (1946), Vicente Molina Foix (1946), Raúl Ruiz (1947-1987), Ana María Moix (1947), Soledad Puértolas (1947), Carlos G. Reigosa (1948), Juan Eslava Galán (1948), Juan Cruz Ruiz (1948), Manuel de Lope (1949), etc. A esta incompleta relación podría añadirse, entre los más jóvenes, el nombre de Javier Marías (1951), por la temprana aparición de sus primeras novelas, y, entre los de más edad, ya se ha señalado la dificultad de adscripción a esta generación o a la anterior de autores como Ramón Hernández y Leopoldo Azancot, nacidos en 1935, o de Raúl Guerra Garrido, Isaac Montero y Esther Tusquets, nacidos en 1936.

La agitación social protagonizó la década de los 60. Los novelistas de la generación del 68 se encuentran hoy en plena madurez creadora.

La generación del 68

Generación del 68

A finales de los años sesenta y sobre todo en la década siguiente, en pleno auge de la novela experimental, aparecen las primeras obras de los escritores de la generación del 68, tercera promoción de posguerra, cuyos miembros habían nacido entre los años de la Guerra Civil y el medio siglo. Se trata, pues, de la primera generación de escritores nacida y educada en las restricciones del franquismo, contra el cual se rebelaron en las protestas universitarias del 68, al calor de los acontecimientos del Mayo del 68 francés.

En varios momentos se propusieron distintas denominaciones generacionales. Las más empleadas fueron las siguientes: generación de la Dictadura, por tratarse de los primeros escritores formados en los años duros del franquismo; generación de 1966, año de promulga-

El conocido filósofo y escritor francés Jean Paul Sartre (izquierda) (1905-1980) fue uno de los pensadores más influyentes en la Europa de la posguerra. Sus obras contribuyeron a la difusión del existencialismo y su actitud de intelectual comprometido alcanzó también a la literatura. Participó en la resistencia durante la ocupación de Francia por Alemania, rechazó el Premio Nobel en 1964 e intervino en las protestas de Mayo del 68.

Generación del 68

Las revueltas universitarias en el Mayo francés de 1968 tuvieron hondas repercusiones en toda Europa. En España se llegó al cierre de las universidades. (Abajo) estado de la calle parisina Gay-Lussac tras los enfrentamientos entre policía y estudiantes.

ción de la Ley de Prensa que suprimía el requisito de la censura previa, cuando buena parte de esta promoción alcanzaba su mayoría de edad y hacía sus primeras incursiones literarias; y generación de 1975, porque, coincidiendo con la muerte de Franco y el final del franquismo, se produce, en torno a aquella fecha, la difusión editorial de sus novelas y su mayor aceptación entre críticos y lectores.

Pero la denominación que parece haberse impuesto definitivamente es la de generación del 68, tal vez la que mejor define la trayectoria colectiva de sus miembros. Porque es denominador común en todos ellos su formación en la España de la posguerra y su paso por la universidad coincidiendo con las revueltas universitarias que culminaron en la primavera de 1968, cuando estos escritores contaban entre veinte y treinta años y se encontraban, por lo tanto, en fases de pleno desarrollo de sus personalidades tanto humanas como literarias.

En general, las primeras novelas de los escritores de esta generación aparecieron entre 1968 y 1975, coincidiendo con la agonía del franquismo, el apogeo de la narrativa experimental y la influencia del estructuralismo, a la vez que, a finales del período señalado, también empezaba a vislumbrarse una vuelta a la recuperación de los elementos clásicos del relato, a lo cual contribuirán más tarde algunos de ellos, como veremos en el capítulo siguiente. Como ha señalado Sanz Villanueva, en sus comienzos los novelistas de la generación del 68, abiertos a la narrativa occidental y atraídos por la hispanoamericana, rechazan el compromiso social del escritor, defienden una novela apoyada en la investigación de la estructura y del lenguaje, y abordan los problemas del hombre preferentemente considerado en su individualidad, aislado de la realidad colectiva.

La aparición de sus primeras obras contribuyó a incrementar el ambiente de novedad que se respiraba en el panorama novelístico de finales de los años sesenta, cuando aparecen *El mercurio* (1968), de José M.ª Guelbenzu, y *Experimento en génesis* (1967) y *Síntomas de éxodo* (1969), de Germán Sánchez Espeso, dos escritores de fuerte orientación experimental a los cuales se sumarían en los años siguientes José Leyva, Félix de Azúa

Generación del 68

La música de algunos cantautores como Bob Dylan (arriba) y de ciertos grupos como los Beatles (izquierda) marca toda una época en el recuerdo de los jóvenes de los años sesenta. Muchas novelas generacionales escritas después incluyen oportunas referencias a estos motivos emblemáticos de aquellos años.

Generación del 68

y otros «novísimos», como José Antonio Gabriel y Galán, Manuel Vázquez Montalbán o José M.ª Vaz de Soto, agrupados en el lanzamiento publicitario de la narrativa experimental y de la «nueva novela española».

Después de los excesos experimentalistas de sus comienzos, se produce una reflexión serena sobre el arte de la novela y, sin olvidar las técnicas actuales, los escritores más sólidos de esta generación se esfuerzan en recuperar la narratividad de la intriga y otros elementos clásicos del relato. En ello intervienen autores que forman la segunda oleada generacional: Eduardo Mendoza, Luis Mateo Díez, José M.ª Merino, Juan José Millás y el siempre fecundo Vázquez Montalbán, entre otros. En esta evolución global —necesariamente simple— del grupo pueden distinguirse tendencias múltiples que se indicarán en el capítulo siguiente. Pero antes conviene resaltar la influencia que en ello pudieron

Muchas actitudes de inconformismo y protesta contra las convenciones sociales establecidas encontraron un medio de expresión en la música, en la celebración de multitudinarios conciertos al aire libre. Ciertas canciones, melodías, cantantes y grupos son muy significativos de aquella época. A la derecha, festival de música pop a las orillas del Támesis en 1971.

tener tres novelas de tres autores de generaciones distintas: *La saga/fuga de J. B.* (1972), de Torrente Ballester (generación del 36), parodiaba las novedades experimentales a la vez que recuperaba la herencia cervantina de novelar y daba una original respuesta española a los logros narrativos de los novelistas hispanoamericanos. *Escuela de mandarines* (1974), de Miguel Espinosa, tuvo menos éxito, pero su alegoría del mundo actual, desarrollada en forma de relato clásico y de tratado intelectual, tuvo notoria influencia en la vuelta a los pilares tradicionales del relato. Y *La verdad sobre el caso Savolta* (1975), de Eduardo Mendoza, consolidaba la recuperación de la narratividad conjugando hábilmente el interés de la intriga con diversas técnicas de novelar, desde el folletín a la novela policíaca, y con diferentes registros estilísticos. Mendoza era además el primer novelista del 68 en obtener el Premio de la Crítica, lo cual favoreció el éxito de su primera novela.

Recuperación de la intriga

Eduardo Mendoza (arriba) fue uno de los primeros novelistas de la generación del 68 en alcanzar el reconocimiento público de críticos y lectores. El colombiano Gabriel García Márquez (izquierda) ha tenido una profunda influencia en la novela escrita en español —y en otras lenguas occidentales— después del éxito de Cien años de soledad *a finales de los sesenta.*

Gonzalo Torrente Ballester

A pesar de haberse convertido en el novelista español más celebrado en los últimos años, la carrera literaria de Gonzalo Torrente Ballester (El Ferrol, 1910) estuvo llena de obstáculos y decepciones que, sin embargo, no lograron impedir el triunfo de la tenacidad. Más de treinta años de paciente labor creadora no reconocida fueron necesarios para alcanzar en las dos últimas décadas la consagración popular y la distinción de los grandes premios literarios. En la inmediata posguerra se empeñó en llevar a cabo una dramaturgia intelectual; pero ninguna de sus comedias llegó a ser representada entonces. Fracasó como dramaturgo e intentó abrirse camino en la novela, género más apropiado para el despliegue de su imaginación desbordante. Mas el éxito tardaría en llegar.

En casi treinta años, desde 1943, en que se publicó *Javier Mariño,* hasta 1972, año de publicación de *La saga/fuga de J.B.,* Torrente Ballester escribió varias novelas, pensó bastantes más y publicó nueve: en los años cuarenta *Javier Mariño* (1943), *El golpe de estado de Guadalupe Limón* (1946) e *Ifigenia* (1949) pasaron por las librerías con mucha pena y sin ninguna gloria. Las tres partes de *Los gozos y las sombras* (1957-1962) no llegaron al conocimiento de muchos lectores a causa de su precaria difusión, a pesar del Premio March concedido en 1959 a la primera, *El señor llega* En los años sesenta también se empolvaron en las librerías *Don Juan* (1963) y *Off-side* (1969). Fueron, pues, treinta años de olvido que Torrente sobrellevó con dignidad, sin claudicar.

El triunfo llegó con *La saga/fuga de J.B.* (1972), novela que obtuvo un éxito clamoroso, inusitado en la crítica literaria de los últimos tiempos. Con general aceptación fue completando su trilogía fantástica con *Fragmentos de apocalipsis* (1977) y *La isla de los jacintos cortados* (1980). En estos últimos años el reconocimiento ha sido unánime. Todas sus novelas posteriores (*Dafne y ensueños,* 1983; *Quizá nos lleve el viento al infinito,* 1984; *La rosa de los vientos,* 1985; *Yo no soy yo, evidentemente,* 1987) han tenido amplia difusión, sobre todo desde que la versión televisiva de *Los gozos y las sombras* consiguiera el milagro de hacer popular al más

Gonzalo Torrente Ballester
Las sombras recobradas

Juegos o divertimentos elaborados con materiales literarios y ráfagas relampagueantes de realidad.

Planeta

intelectual de nuestros novelistas a la vez que la olvidada serie narrativa realista alcanzaba el millón de libros vendidos. El reciente Premio Planeta concedido a *Filomeno, a mi pesar* (1988) no ha hecho más que aprovechar el enorme prestigio del escritor a cambio de acercarlo a varios centenares de miles de lectores. Dos Premios de la Crítica, el Nacional de Literatura, el Príncipe de Asturias y el Cervantes hacen de Torrente Ballester el novelista español más galardonado en los últimos años.

Gonzalo Torrente Ballester es uno de los novelistas con mayor capacidad de fabulación en la literatura española de este siglo.

Cuando apareció La saga/fuga de J.B. *no faltó alguna voz malintencionada que pretendía airear en menoscabo de su originalidad el ejemplo de* Cien años de soledad.

Torrente Ballester quiso dejar las cosas completamente claras en estas declaraciones: «Estoy ya a esa altura de la edad en que me resulta indiferente lo que digan de mis libros, salvo cuando se dicen tonterías. Y si pretendo, con estas líneas, responder definitivamente a la pregunta inevitable, es por dejar sentado que, bueno o malo, lo mío es mío, y que en mi prosapia literaria, las genealogías están bien claras. Y, por supuesto, que no me avergüenzo de ellas.

Ni un solo extranjero me ha interrogado jamás acerca de mis posibles relaciones con García Márquez. ¿Será porque entienden más de literatura? No lo creo. Ellos, que no participan de nuestro complejo de inferioridad, admiten que un español pueda hacer una cosa decente sin copiarla de nadie. Pero nosotros hemos perdido de tal manera la fe en nosotros mismos, que lo ponemos en duda, que no logramos explicarlo.»

4. La novela española en la transición (1976-1989)

CON EL FIN DE LA DICTADURA y la restauración de la Monarquía se abre el proceso de transformación política por el que España se convierte en una democracia. Los acontecimientos históricos son bien conocidos —porque forman parte de nuestra experiencia reciente— y los más significativos aparecen señalados en los cuadros cronológicos finales de este libro. En lo que a la cultura se refiere es preciso destacar el ambiente de libertad en que ésta, por fin, ha podido desarrollarse al haber desaparecido la censura. Y con el acercamiento definitivo de España a la Comunidad Económica Europea se produce también una mayor difusión de la cultura española —literatura, cine, pintura, etc.— en el mundo occidental. Tal vez sean éstos los fenómenos más destacables de este período: la desaparición de la censura, el mejor conocimiento de la literatura occidental en España y la difusión de la literatura española en Europa.

La desaparición de la censura aportó a la novela española una triple clarificación. Aquellas novelas españolas prohibidas en España y editadas en el extranjero se publican al fin en editoriales españolas (así ocurrió con obras de Juan Goytisolo, Juan Marsé y otros); otros textos que habían sido mutilados o que permanecían inéditos pueden ahora ver la luz en su integridad (por ejemplo, algunas obras de Isaac Montero, Vaz de Soto, etc.). Se va completando la recuperación de la narrativa de los exiliados, algunos de los cuales son distinguidos con importantes premios literarios (Sender, Francisco Ayala, Corpus Barga, Rosa Chacel). Y también la desaparición de la censura supuso para ciertos escritores la revelación de que no era aquélla la causa de sus limitaciones estéticas, sino que éstas se debían a su propia incapacidad creadora: las supuestas obras importantes que la censura no había permitido publicar no aparecieron nunca después de eliminado el socorrido obstáculo; las que de verdad se habían escrito, con más o menos problemas, dentro o fuera de España, se habían publicado.

Por lo demás, la libertad en que la novela española ha podido moverse en estos años ha hecho posible el cultivo de todas las corrientes y la feliz convivencia con la novelística de otros países —la hispanoamericana, que sigue gozando de gran aceptación en España (en las últimas obras de García Márquez, Vargas Llosa, Carlos Fuentes, Juan Carlos Onetti, Roa Bastos, Cabrera Infante, Manuel Puig, Bryce Echenique, etc.), y las de otras lenguas, ampliamente difundidas en abundantes traducciones— a la vez que, con la organización del estado de las autonomías, también se extiende algo más el conocimiento de novelistas en catalán, en gallego y en vascuence. En estas circunstancias, se produjo una corta invasión del libro político en los primeros años de la transición, lo cual favoreció un tipo de novela entre documental y política, que tuvo sus más célebres exponentes en la *Autobiografía de Federico Sánchez* (1977), de Jorge Semprún, *Lectura insólita de El Capital* (1977), de R. Guerra Garrido, *Antonio B. el Rojo* (1977), de Ramiro Pinilla, e incluso en *La soledad del manager* (1977), de M. Vázquez Montalbán. Pasado aquel predo-

Novela en libertad

He aquí dos imágenes ilustrativas de la reciente historia de España. La Dictadura del general Franco (izquierda) se mantuvo durante casi cuarenta años, hasta la muerte del dictador en 1975. La restauración de la Monarquía en la persona del rey Juan Carlos I (arriba) y la transición política dirigida por Adolfo Suárez (arriba) llevaron a España a la democracia.

Novela en libertad

En el actual florecimiento de la novela de tipo histórico influyó, entre otros factores, la notable difusión de las novelas de Marguerite Yourcenar (arriba) (1903-1988), escritora francesa de origen belga. Sus novelas más importantes son Memorias de Adriano *(1951), traducida al castellano por Julio Cortázar, y* L'Oeuvre au noir *(1968), traducida por Emma Calatayud con el certero título de* Opus nigrum.

minio de los temas de cariz político, normal en un país que llevaba muchos años sin poder tratarlos con plena libertad, la novela española experimentó un notable auge en todos los sentidos: se cultivan todas las tendencias narrativas, desde la metaficción y la novela poemática hasta las memorias y la crónica novelada, pasando por la novela histórica, la fantástica y la policíaca; conviven novelistas de cuatro generaciones diferentes, pues a los ya maduros del 36 y del medio siglo y a los ya consagrados del 68, se añaden ahora nuevos escritores jóvenes que ya pertenecen a la generación siguiente, la de los ochenta; y el género narrativo se encuentra en estos años en pleno auge comercial, favorecido por el mercado editorial y la profusión de premios literarios —disparatada en muchos casos—, por la gran cantidad —excesiva— de novelistas y por la calidad media de bastantes novelas.

La generación de los años ochenta

Los jóvenes novelistas de los ochenta constituyen la cuarta generación de escritores del período que nos ocupa. También ellos han contribuido ya con algunas obras al abandono de experimentalismos sin camino de retorno, a la superación del afán desmedido de pretensiones culturalistas al que se habían entregado algunos novelistas (a finales de los setenta y principios de los ochenta) y a la reivindicación de la intriga en múltiples tendencias de la novela actual.

Ellos son los primeros novelistas españoles intelectualmente formados en los últimos años del franquismo y en las libertades de la España democrática. En sus obras se aprecia un denodado afán de universalidad, de cosmopolitismo, tanto en la localización de sus historias como en la aceptación de magisterios foráneos, a veces a costa de ignorar la realidad española y rechazar el presente y la historia inmediata como asunto de novela. Cuando la búsqueda de lo universal se enraíza en la autenticidad, los resultados obtenidos cristalizan en obras relevantes. Otras veces, el rechazo radical de lo propio en favor de lo ajeno corre el grave peligro de caer en cosmopolitismos resumidores de todas las superficialidades, sin darse cuenta de que lo universal está en todos los humanos.

Novelistas de los ochenta

Componen este grupo generacional los autores nacidos a partir de 1950. Tal es el caso de Miguel Sánchez Ostiz (1950), Rafael Sender (1950), Javier Marías (1951, ya citado en la generación anterior por la temprana aparición de sus primeras novelas); Pilar Pedraza (1951), Rosa Montero (1951), Pedro García Montalvo (1951), Jesús Ferrero (1952), Justo Navarro (1953), Antonio Enrique (1953), Paloma Díaz Mas (1954), Pedro Zarraluki (1954), Julio Llamazares (1955), Javier García Sánchez (1955), Pedro Molina Temboury (1955), Antonio Muñoz Molina (1956), Fernando de Villena (1956), Ignacio Vidal-Folch (1956), Alejandro Gándara (1957), Ignacio Martínez de Pisón (1960), Beatriz Pottecher (1961) y Francisco J. Satué (1966), entre otros.

Los escritores de esta generación han podido beneficiarse pronto del clima de libertades de la España democrática.

La novela actual

Tendencias de la novela española actual

La novela española se encuentra en estos años en un período de esplendor cuantitativo por el enorme caudal de obras publicadas y de aceptable calidad media dentro de las diferentes tendencias cultivadas por autores de las cuatro generaciones que empezaron a publicar sus obras a partir de la Guerra Civil, desde los ya mayores de la generación del 36 (entre los cuales adquieren notoriedad nuevos nombres, como José Luis Sampedro) hasta los jóvenes de los ochenta (uno de los cuales, A. Muñoz Molina, ha obtenido ya el Premio de la Crítica y el Nacional de Literatura), pasando por la generación del medio siglo (con la incorporación de autores tardíos, como Jesús Pardo) y la del 68, ahora en plena madurez creadora. Todo ello favorece la máxima apertura temática y formal, no sometida a la realidad impuesta ni a la experimentación formal, en unos años de libertades en todos los órdenes que, en lo concerniente a la novela, han sido objeto de reflexiones y clasificaciones por parte de Gonzalo Sobejano, Santos Alonso, Sanz Villanueva y Darío Villanueva, cuya visión de conjunto seguimos en esta exposición de las principales tendencias de la novela en nuestros días.

X Feria del Libro de Ocasión de Barcelona (derecha). Las ferias del libro constituyen cada año un acontecimiento habitual en las grandes ciudades y contribuyen notablemente a la difusión de la literatura. La novela es, sin duda, el género literario que mayor interés despierta entre el público.

La metanovela

Una de las corrientes características de la modernidad novelística de los últimos años ha sido la metanovela o novela especular, que consiste en incluir la narración misma como centro de atención del relato. En la metaficción la novela se vuelve sobre sí misma: el texto narrativo ofrece el resultado final y a la vez el camino que ha llevado a él; se cuenta una historia y también los problemas planteados en su narración. Se trata, pues, de una simbiosis de creación y crítica en unas obras en las que se inserta la literatura dentro de la literatura.

Fragmentos de apocalipsis (1977), de Torrente Ballester, es uno de los ejemplos mejor logrados de metanovela en estos años, un ensayo de metaficción concebida con intención lúdica y desarrollada con el irónico empeño de mostrar cómo se escribe una novela en la cual se armonizan tres planos, formados por el diario de trabajo del narrador, la narración fantástica y la crítica autorreflexiva de la propia escritura.

Metanovelas

La tradición y la modernidad conviven en todas las artes de este siglo. Manos dibujando de M. G. Escher (abajo).

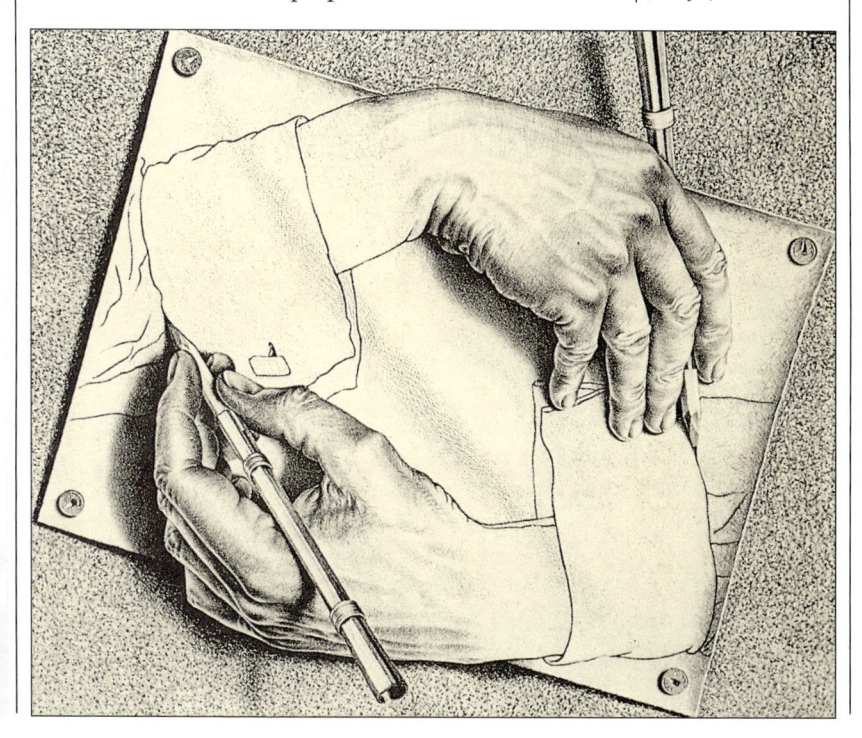

Metanovelas

La metanovela o relato especular tuvo su auge en los años de la transición política. En su difusión influyó el prestigio de la novela de Torrente Ballester, si bien hay que recordar el ejemplo de novela en la novela realizado por José M.ª Merino en *Novela de Andrés Choz* (1976). Entre sus manifestaciones posteriores sobresalen *El cuarto de atrás* (1978), de C. Martín Gaite, *El Valle de los Caídos* (1978), de Carlos Rojas, la serie de *Antagonía* (1973-1981), de Luis Goytisolo, *Fabián* (1977), de Vaz de Soto, *Gramática parda* (1982), de García Hortelano, casi todos los ejercicios de escritura narrativa de Juan Goytisolo en estos años, *El desorden de tu nombre* (1988), de J. J. Millás, y el ejemplo más extremo de metanovela en la literatura española última: la autorreflexividad de una escritura en proceso de descomposición ideada por Julián Ríos en *Larva* (1983) y *Poundemonium* (1986), con una pareja protagonista presentada como «dos atolondrados que se toman por personajes de novela e intentan meterse en la piel de sus dobles, Babelle y Milalias, que inventaron para prolongar la vida en ficción —y viceversa—».

En la literatura, la pintura, el cine y, en general, en todas las artes del siglo XX se ha intensificado notoriamente el proceso de diálogo interno de unas manifestaciones artísticas con otras. Los libros hablan unos con otros en conocidas muestras de intertextualidad. Lo mismo ocurre en pintura (Derecha, La rendición de Torrejón *por Equipo Crónica.)*

Novelas poemáticas, novelas líricas y memorias

Sobejano ha llamado novela poemática a la que aspira a ser exclusivamente un texto creativo autónomo, acercándose al poema lírico. La novela poemática es así la meta o centro en torno al que se organizan otras especies narrativas, una de las cuales es la metanovela o relato especular, ya comentada como escritura de una aventura y aventura de una escritura. En sentido amplio se considera novela poemática o novela lírica la que «tiende a integrar superlativamente un conjunto saturado de las virtudes del texto poético por excelencia», que es el texto en verso: tendencia a la concentración máxima, no imitación de la realidad, personajes insondables, mitos, símbolos, exploración de los límites entre lo perceptible y lo oculto, narradores omnímodos y lenguaje más sugerente que referencial.

Abundantes ejemplos de novela lírica aparecen en la trayectoria de autores de las cuatro generaciones. Citaremos sólo, como muestras más representativas, *La isla de los jacintos cortados* (1980), de Torrente Ballester

Novela lírica

Celebrando la fiesta *de Sotomayor*.

Novela lírica

(que también participa de la novela histórica), *Mazurca para dos muertos* (1983), de Cela, *Los santos inocentes* (1981), de M. Delibes (que también participa de la denuncia social), *Saúl ante Samuel* (1980) y *En la penumbra* (1989), de Juan Benet, *Makbara* (1980) y *Las virtudes del pájaro solitario* (1988), de Juan Goytisolo, varias novelas de Francisco Umbral (por ejemplo, *Nada en el domingo,* 1988), *El héroe de las mansardas de Mansard* (1983), de Álvaro Pombo, *La orilla oscura* (1985), de José M.ª Merino, y *La lluvia amarilla* (1988), de Julio Llamazares.

Muy próximo a la novela lírica se encuentra el memorialismo narrativo que ha proliferado en estos años en obras que van desde el desahogo intimista hasta la simple autobiografía más o menos verídica o imaginaria. Lo primero es frecuente en la narrativa de F. Umbral y en algunas obras de Castillo-Puche. La autobiografía ha sido cultivada por F. Ayala en *Recuerdos y olvidos* (1982-1988), Juan Goytisolo en *Coto vedado* (1985) y *En los reinos de taifa* (1986), y por Carlos Barral en sus últimos libros. Un modelo de armonización autobiográfica de lo verídico y lo inventado es *Dafne y ensueños* (1983), de Torrente Ballester. Y ejemplos de memorialismo dialogado son las novelas de Vaz de Soto.

Francisco Umbral (izquierda) es uno de los escritores más prolíficos de la generación del medio siglo, muy conocido tanto por sus libros, como, sobre todo, por sus habituales colaboraciones en la prensa diaria. A menudo ha sido relacionado con Larra en su actitud crítica, con Valle-Inclán en su visión esperpéntica y con Ramón Gómez de la Serna en su capacidad de creación de imágenes y metáforas. Es un asiduo cultivador de la novela lírica.

Novela histórica y romance

Una de las tendencias que más contribuyó a la ponderación de la narratividad entronca con el florecimiento de la novela histórica y la recuperación del *romance* (en el sentido que esta palabra tiene en la terminología inglesa: narración fabulosa de un mundo ficticio que realza su carácter fantástico; frente a *novel* o relato de lo que ocurre o puede ocurrir en la realidad). Hay, pues, varios modos de abordar la historia en la narración. En nuestra novela última se han destacado los siguientes: fabulación imaginaria del pasado, reconstrucción o recreación de la historia, proyección del pasado sobre el presente y aprovechamiento de la historia para indagaciones intelectuales y ejercicios de estilo.

Novela histórica

El éxito espectacular de Umberto Eco y El nombre de la rosa *(1980) influyó decisivamente en el florecimiento de la novela histórica en la actualidad. Eco definió la suya como una recreación de un pasado y unas ideas en la cual lo que dicen los personajes inventados «es lo que habrían tenido que decir si realmente hubieran vivido en aquella época». Izquierda, fotograma de la adaptación al cine de* El nombre de la rosa.

Novela histórica

La narración libre del pasado en la novela, ajena a la veracidad histórica, ha sido llevada a cabo por Torrente Ballester en *La isla de los jacintos cortados* (1980), síntesis de *romance* fantástico y de novela lírica. La fabulación de historias ambientadas en la España hebrea y musulmana aparece en *La novia judía* (1978) y *Fátima* (1979), de Leopoldo Azancot; la serie narrativa iniciada por Raúl Ruiz con *El tirano de Taormina* (1980) y *Sixto VI* (1981) es otra muestra del *romance* con elementos culturalistas y humorísticos tomados de la tradición occidental; y en ámbitos del antiguo Oriente se localizan las primeras novelas de Jesús Ferrero, *Belver Yin* (1981) y *Opium* (1986).

La recreación del pasado —de lo que fue y lo que pudo haber sido— es una de las vetas narrativas más cultivadas por nuestros novelistas, que se han ocupado de todas las épocas de nuestra historia: la Edad Media en *Urraca* (1982), de Lourdes Ortiz, y *En busca del unicornio* (1987), de J. Eslava Galán; los Siglos de Oro en *Extramuros* (1978), de J. Fernández Santos, y *El insomnio de una noche de invierno* (1984), de Eduardo Alonso; el siglo XIX en *Cabrera* (1981), de J. Fernández Santos; y el siglo XX, sobre todo en su primer tercio y en la Guerra Civil, en *Octubre, octubre* (1981), de José Luis

Por su carácter oscurantista, legendario y mágico, realzado por la lejanía temporal, la Edad Media es una época muy frecuentada por la novela histórica. También lo son el siglo XIX y el primer tercio del XX, por sus convulsiones políticas y sociales. Arriba, miniatura medieval. A la derecha, calle barcelonesa durante la Semana Trágica.

Sampedro, *La verdad sobre el caso Savolta* (1975) y *La ciudad de los prodigios* (1986), de Eduardo Mendoza (ambas participan de la novela histórica, folletinesca y policíaca). La consideración del pasado en su proyección sobre el presente, al que se intenta iluminar con el peso de la historia, ha sido desarrollada, sin renunciar a la fidelidad de la reconstrucción, en *El himno de Riego* (1984), de José Esteban, *Las naves quemadas* (1982), de J. J. Armas Marcelo, y en otras citadas ya en párrafos anteriores (por ejemplo, *Urraca*).

Y los ejemplos más logrados del aprovechamiento de la historia para la elaboración de elucubraciones intelectuales, planteamientos estéticos y ejercicios de estilo se encuentran en algunas obras ya citadas (por ejemplo, *Extramuros), Los jardines de Aranjuez* (1986), de Eduardo Alonso, y sobre todo en varias novelas ambientadas en la Guerra Civil, con la contienda como marco tópico para otras especulaciones: así ocurre en la serie *Herrumbrosas lanzas* (1983-1986), de Juan Benet, y en otras novelas de Manuel Andújar, Cela y Delibes. La Guerra Civil, a más de cincuenta años de distancia ya, se ha convertido en un marco espacio-temporal al que recurren muchas novelas con fines diversos aprovechando su conocimiento entre los lectores.

Novela histórica

La atividad clandestina de los maquis (abajo) es tema narrativo frecuente en la posguerra.

Novelas de intriga

Novela de intriga: narraciones lúdicas y policíacas

Junto con la libertad imaginativa desplegada en la novela histórica y en el *romance*, la intensificación de la intriga se potencia por medio de esquemas policíacos y otros procedimientos de la novela negra. Esta reivindicación literaria de lo policíaco coincide con la revalorización del cine del mismo género; y en el maridaje de lo intelectual, lo histórico y lo policíaco influyó notablemente el éxito internacional de *El nombre de la rosa* (1980), de Umberto Eco. Pero ya antes algunos autores habían iniciado una consciente recuperación de lo policíaco en novelas referidas tanto a épocas pasadas, como *La verdad sobre el caso Savolta* (1975), de Eduardo Mendoza, como a la actualidad más estricta, de lo cual es

La presencia habitual de Manuel Vázquez Montalbán (arriba) en los medios de comunicación, su labor inteligente en el periodismo de opinión y el haber logrado asimilar y nacionalizar con acierto motivos y modelos de la novela policíaca hacen de él uno de los escritores más populares de su generación. A la derecha, escena de la película basada en Asesinato en el Comité Central *de Vázquez Montalbán.*

ejemplo la serie de Pepe Carvalho, de M. Vázquez Montalbán, en la que sobresalen *La soledad del manager* (1977) o *Los mares del Sur* (1979). En esta misma línea de potenciación de la intriga se incluyen novelas de F. García Pavón y los más significativos cultivadores de novela negra en los últimos años: Juan Madrid, Pedro Casals, Andreu Martín, Jorge Martínez Reverte, entre otros. Y de algunos procedimientos de este subgénero narrativo se han servido, con fines diversos, Juan Benet en *El aire de un crimen* (1980), Juan José Millás en *Visión del ahogado* (1977), Soledad Puértolas en *El bandido doblemente armado* (1980), Antonio Muñoz Molina en *El invierno en Lisboa* (1987) y en *Beltenebros* (1989)... En otro sentido, pero con una intención narrativa similar podrían citarse aquí otras variaciones de espionaje y de asuntos relacionados con el horror, la ciencia-ficción, etc.

Novelas de intriga

La novela negra norteamericana y el cine hecho sobre ella se encuentran al fondo de muchas novelas actuales, en las que también es motivo frecuente la música de jazz. Buena muestra de ello son las novelas de Antonio Muñoz Molina (arriba), sobre todo El invierno en Lisboa. *A la izquierda, una gala de Dizzy Gollespie y All-Star Jazz Band.*

Crónicas y testimonios

Crónicas noveladas, testimonios. Novelas generacionales

Los años del franquismo, diversas manifestaciones antifranquistas —sobre todo a partir de los acontecimientos del Mayo del 68 francés— y un amargo desengaño ante tantas ilusiones traicionadas en la transición política son temas que han dado lugar a la proliferación de crónicas, testimonios y reportajes novelados que, a modo de episodios nacionales, pretenden ofrecer una visión panorámica de la historia de España en los últimos lustros. El franquismo ha sido tema común en diferentes narraciones de tipo realista, metafórico, satírico, esperpentizante. Pero los mejores logros literarios se hallan en el tratamiento imaginativo que cristaliza en novelas de acción como *Un día volveré* (1982), de Juan Marsé,

El título de la novela de Lourdes Ortiz (arriba), Luz de la memoria, *es bien ilustrativo del afán de revisión de un pasado cercano emprendido por algunos novelistas de la generación del 68. Ardientes afanes de revolución y justicia propugnados en los años sesenta y las ideas que los sustentaban son hoy poco más que el recuerdo de tantas ilusiones traicionadas (Derecha, manifestación pacifista en Barcelona, en el año 1984.)*

o *Pájaro en una tormenta* (1984), de Isaac Montero, autor también de la serie *Documentos secretos*. El mismo asunto sirve de marco a muchas novelas líricas intimistas en las cuales la peripecia individual alcanza dimensiones colectivas, como en *Las ninfas* (1976), de Francisco Umbral, o en *Necesidad de un nombre propio* (1978), de I. Montero.

Franquismo, rebeldía antifranquista y novela generacional son tres componentes fundamentales de algunas obras de autores de la generación del 68, que en los primeros años de la transición política dejaron testimonio de cómo su pasada rebeldía universitaria había desembocado en el desengaño y en el pesimismo existencial. Así ocurre en la tetralogía dialogada de José María Vaz de Soto (también en *Despeñaperros,* 1988), en *Luz de la memoria* (1976), de Lourdes Ortiz, y en *La noche en casa* (1977) y *El río de la luna* (1981), de José M.ª Guelbenzu. Aportaciones muy recientes a esta revisión generacional del final del franquismo y de la transición política son *La quincena soviética* (1988), de Vicente Molina Foix, *Los dioses de sí mismos* (1989), de J. J. Armas Marcelo y algunas novelas de Manuel Vázquez Montalbán.

Crónicas y testimonios

La trayectoria narrativa de Juan Goytisolo (arriba) puede ilustrar la evolución de la novela española desde los años cincuenta hasta los setenta. Después se ha caracterizado por una consciente asimilación de la cultura árabe, que impregna sus últimas novelas. Sus libros autobiográficos ofrecen datos de interés acerca del autor y de su generación. (Izquierda, cartel de propaganda electoral para el referéndum sobre la Constitución de 1978.)

Vigencia y diversidad del realismo

Entre la extraordinaria libertad de formas y de contenidos, pasado ya el furor de los experimentalismos y refrenados ciertos excesos culturalistas, el realismo ha contribuido poderosamente a la recuperación del arte del buen contar. Lejos de cualquier concepción monocorde anterior, las mejores realizaciones novelísticas del actual realismo son más diversas, más complejas y más libres. Se trata, pues, de distintos tipos de realismo que postulan una concepción abierta de la realidad, incluyendo lo imaginario y lo soñado y hasta lo irracional y lo absurdo. Varias obras ya citadas en apartados anteriores pueden ser incluidas en éste y viceversa. Las clasificaciones no pueden ser excluyentes, sino puramente orientativas. Por eso habrá que conformarse con unas cuantas indicaciones entre tanta diversidad.

El mundo rural, con un enfoque en el que se combina la denuncia social y el tratamiento lírico, es abordado por novelistas tan distintos como Delibes en *Los santos inocentes* (1981) y Julio Llamazares en *La lluvia amarilla* (1988). La recuperación del pasado en la provincia

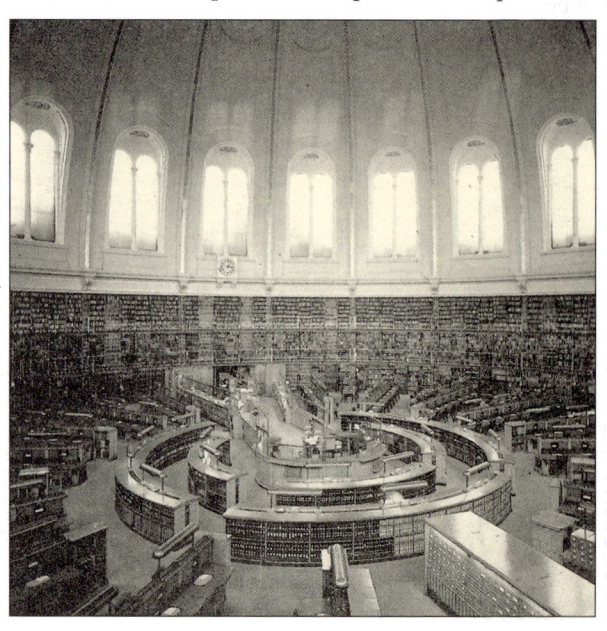

Diversidad del realismo

Entre los jóvenes novelistas aparecidos en la década de los ochenta, Julio Llamazares (arriba) es uno de los que mayores esperanzas despierta en el futuro próximo. Por sus comienzos en la poesía Llamazares ejemplifica también el trasvase de muchos poetas a la novela. A la derecha, biblioteca del Museo Británico de Londres.

por medio de la memoria es uno de los temas preferidos por un importante grupo de novelistas entre cuyas obras sobresalen *Las estaciones provinciales* (1982) y *La fuente de la edad* (1986), de Luis Mateo Díez, *El año del francés* (1986) y *Retratos de ambigú* (1989), de Juan Pedro Aparicio, *El caldero de oro* (1981), de José M.ª Merino, y *La gaznápira* (1984), de Andrés Berlanga. También se ha reivindicado la novela de personaje y de introspección psicológica: Soledad Puértolas en *Burdeos* (1986) y Álvaro Pombo en *El parecido* (1979, 1985). Algunos autores se han centrado en el asedio al hombre de hoy en toda su banalidad: Félix de Azúa en *Historia de un idiota contada por él mismo* (1986) y en *Diario de un hombre humillado* (1987). Otros han intentado la indagación existencial por medio de lo absurdo y lo simbólico, como Javier Tomeo en *Amado monstruo* (1985) y en *La ciudad de las palomas* (1989) o a través de lo gratuito, como José M.ª Guelbenzu en *La mirada* (1987).

Podrían incluirse otros autores y otros títulos, pero en un ensayo introductorio como éste es más que suficiente con lo ya expuesto: las tendencias principales quedan señaladas y los autores más representativos también.

Diversidad del realismo

Denuncia social, ternura y lirismo se integran con acierto en Los santos inocentes. *Francisco Rabal y Alfredo Landa (abajo) interpretaron los papeles principales de la versión cinematográfica de esta novela.*

Los premios literarios

En la vida literaria influyen múltiples factores extraliterarios: publicidad directa o encubierta en forma de apariciones de escritores en los medios de comunicación, entrevistas y críticas interesadas, alarde de grandes tiradas editoriales, manipulaciones de las listas de libros más vendidos, versiones para el cine o la televisión, inclusión en los programas docentes de literatura...
Entre los factores que mayor repercusión tienen en la difusión inmediata de una novela destacan los premios literarios, defendidos por unos, denostados por otros, dirigidos a menudo por intereses comerciales y políticos, rodeados a veces de escándalos, trifulcas y polvaredas. Algunos premios han contribuido a descubrir a autores jóvenes y a aumentar el número de lectores. Pero con el mayor desarrollo de la industria editorial, la proliferación de galardones y el incremento de su dotación económica, los premios se han convertido en una inversión publicitaria más y contribuyen más a confundir que a orientar a los lectores. En el año 1976, por ejemplo, se fallaron en España casi quinientos premios literarios dotados con unos cien millones de pesetas. Hoy esas cifras se han incrementado notablemente. Con razón se ha dicho que «a más de un escritor un premio sonado le ha puesto un piso».

Hay premios oficiales, como el Cervantes (concedido al novelista Torrente Ballester en 1985), el Príncipe de Asturias (que han obtenido ya los novelistas españoles Torrente Ballester, Miguel Delibes y C. Martín Gaite) y los Premios Nacionales de Literatura, además de los numerosos galardones convocados por autonomías y ayuntamientos de todo el país.

Muchos premios son patrocinados por empresas privadas, sobre todo por editoriales. Algunos cuentan ya con una larga historia en el curso de la novela española de las últimas décadas;

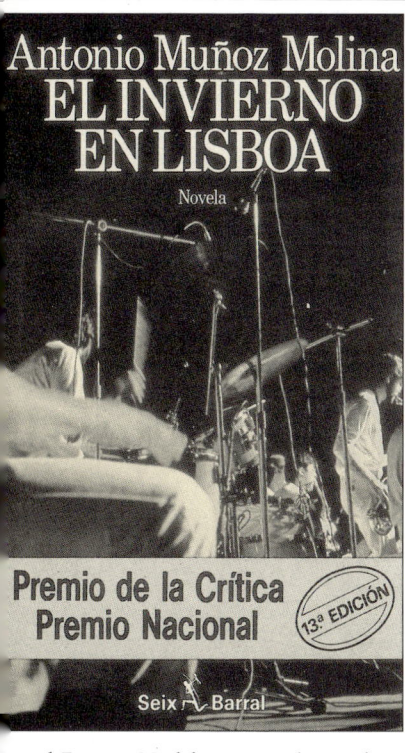

Antonio Muñoz Molina
EL INVIERNO EN LISBOA
Novela

**Premio de la Crítica
Premio Nacional**

13ª EDICIÓN

Seix Barral

Al lado de autores ya consagrados, algunos novelistas más jóvenes empiezan a inscribir sus nombres en los más importantes premios literarios.

así el Premio Nadal, convocado por la editorial Destino, y el Planeta, de la editorial del mismo nombre. Otros son más recientes, como el Premio Herralde, vinculado a la editorial Anagrama, y el Plaza y Janés, de la editorial homónima. Todos ellos, unos más y otros menos, han sido objeto de controversias, por razones políticas, ideológicas, comerciales y otras presiones, que también han tratado de alcanzar al Premio de la Crítica, el único que no cuenta con dotación económica alguna —pero sí con resonancia que después se traduce en mayores ventas— y al cual quedan presentadas automáticamente todas las novelas publicadas en un año.

Datos para una historia

Años	Historia y sociedad	Arte y cultura
1939	Fin de la Guerra Civil en España. Comienza la II Guerra Mundial.	A. Machado muere en Collioure. John E. Steinbeck: *Las uvas de la ira*.
1940	Neutralidad de España en la guerra.	E. Hemingway: *Por quién doblan las campanas*. Chaplin: *El gran dictador*.
1941	Ataque japonés a Pearl Harbor. EE.UU. entra en guerra.	B. Brecht: *Madre coraje*. Borges: *Ficciones*. O. Welles: *Ciudadano Kane*.
1942	Desembarco aliado en el norte de África. Aislamiento de España.	A. Camus: *El extranjero*. C. J. Cela: *Pascual Duarte*. Sender: *Epitalamio del prieto Trinidad*.
1943	Italia firma el armisticio. Caída de Mussolini.	J. P. Sartre: *El ser y la nada*. M. Aub: *Campo cerrado*. W. Fernández Flórez: *El bosque animado*.
1944	Desembarco en Normandía.	J. P. Sartre: *Los caminos de la libertad*. D. Alonso: *Hijos de la ira*. I. Agustí: *Mariona Rebull*.
1945	Fin de la II Guerra Mundial. Fundación de la ONU. España excluida.	B. Brecht: *El círculo de tiza caucasiano*. M. Aub: *Campo de sangre*. C. Laforet: *Nada*.
1946	Bloqueo diplomático del régimen de Franco, condenado por la ONU.	Aparece la revista *Ínsula*. G. Torrente Ballester: *El golpe de estado de Guadalupe Limón*.
1947	Ley de Sucesión.	A. Camus: *La peste*. T. Mann: *Doctor Fausto*. R. J. Sender: *El rey y la reina*.
1948	Final del proceso de Nuremberg.	J. P. Sartre: *Las manos sucias*. A. M.ª Matute: *Los Abel*.
1949	Fundación de la OTAN.	A. Miller: *Muerte de un viajante*. Buero Vallejo: *Historia de una escalera*.
1950	La ONU levanta el bloqueo de España.	Ionesco: *La cantante calva*. M. Delibes: *El camino*.
1951	Creación del Ministerio de Información y Turismo.	Cela: *La colmena*. A. Barea: *La forja de un rebelde*.
1952	España entra en la UNESCO.	L. Romero: *La noria*. J. A. Zunzunegui: *Esta oscura desbandada*.
1953	Acuerdo con EE.UU. para establecimiento de bases. Concordato con Vaticano.	J. M.ª Gironella: *Los cipreses creen en Dios*. R. J. Sender: *Mosén Millán (Réquiem...)*.
1955	España entra en la ONU.	Delibes: *Diario de un cazador*. E. Quiroga: *La careta*.
1956	Primeros disturbios universitarios. Independencia de Marruecos.	J. R. Jiménez, Premio Nobel de Literatura. Sánchez Ferlosio: *El Jarama*.
1957	Tratado de Roma: creación del Mercado Común.	G. Torrente Ballester: *El señor llega*. I. Aldecoa: *Gran Sol*.
1958	Ley de Principios Fundamentales del Movimiento.	Max Aub: *Jusep Torres Campalans*. F. Ayala: *Muertes de perro*.
1961	Kennedy, presidente de EE.UU. Auge del turismo.	M. Aub: *La calle de Valverde*. Buñuel: *Viridiana*.

Años	Historia y sociedad	Arte y cultura
1962	Fin de la Guerra de Argelia. Concilio Vaticano II.	L. Martín Santos: *Tiempo de silencio*. Delibes: *Las ratas*.
1963	Muere Juan XXIII. Asesinato de Kennedy. Primer Plan de Desarrollo.	J. Cortázar: *Rayuela*. Torrente Ballester: *Don Juan*. Max Aub: *Campo del Moro*.
1966	Revolución Cultural China. Ley de Prensa e Imprenta.	Delibes: *Cinco horas con Mario*. J. Goytisolo: *Señas de identidad*. J. Marsé: *Últimas tardes con Teresa*.
1967	Carrero Blanco, jefe del Gobierno.	García Márquez: *Cien años de soledad*. J. Benet: *Volverás a Región*.
1968	Primavera de Praga. Mayo francés.	M. Aub: *Campo de los almendros*.
1969	Juan Carlos, sucesor de Franco.	Cela: *San Camilo, 1936*.
1970	Juicio de Burgos. Estado de excepción.	J. Goytisolo: *Reivindicación del conde don Julián*. J. Benet: *Una meditación*.
1972	Fin de la Guerra del Vietnam. Aumento de conflictos laborales en España.	Torrente Ballester: *La saga/fuga de J. B.*
1973	Golpe de estado en Chile. Atentado contra Carrero Blanco.	Cela: *Oficio de tinieblas, 5*. M. Andújar: *Historias de una historia*.
1974	Arias Navarro, presidente del Gobierno.	Caballero Bonald: *Ágata ojo de gato*. C. Martín Gaite: *Retahílas*.
1975	Muere Franco. Coronación del rey Juan Carlos I.	J. Goytisolo: *Juan sin tierra*. E. Mendoza: *La verdad sobre el caso Savolta*.
1976	Referéndum para reforma política.	Aparecen *El País* y *Diario 16*.
1977	Legalización de partidos políticos. Primeras elecciones generales. Desaparición de la censura.	V. Aleixandre, Premio Nobel de Literatura. Torrente Ballester: *Fragmentos de apocalipsis*.
1978	Promulgación de la Constitución española.	Creación del Centro Dramático Nacional. C. Martín Gaite: *El cuarto de atrás*. Fernández Santos: *Extramuros*.
1979	2.ᵃˢ elecciones generales. Estatutos autonomía del País Vasco y Cataluña.	J. Iturralde: *Días de llamas*. L. Goytisolo: *La cólera de Aquiles*.
1980	Primeras elecciones autonómicas. Terrorismo.	U. Eco: *El nombre de la rosa*. Torrente Ballester: *La isla de los jacintos cortados*. J. Goytisolo: *Makbara*.
1981	Intento de golpe de estado el 23-F.	Delibes: *Los santos inocentes*. L. Goytisolo: *Teoría del conocimiento*.
1982	España entra en la OTAN. Victoria del PSOE en las elecciones generales.	García Márquez, Premio Nobel. Éxito de *Las bicicletas son para el verano*, de F. Fernán Gómez.
1983	Expropiación de RUMASA.	Cela: *Mazurca para dos muertos*. J. Ríos: *Larva*.
1986	España entra en la CEE. Referéndum sobre la OTAN.	Muere Borges. E. Mendoza: *La ciudad de los prodigios*. L. Mateo Díez: *La fuente de la edad*.
1987	Huelgas de estudiantes.	Delibes: *377 A, madera de héroe*. A. Muñoz Molina: *El invierno en Lisboa*.
1988	Apertura en la Unión Soviética de Gorbachov. Huelga general del 14-D.	J. J. Millás: *El desorden de tu nombre*. J. Llamazares: *La lluvia amarilla*.

Glosario

adanismo
Práctica de una actividad como si nadie la hubiera ejercitado antes.

cainismo
Odios, rencores, envidia y otros sentimientos alimentados por hermanos y semejantes con intenciones aviesas.

deshumanización del arte (La)
Título de la obra de Ortega y Gasset, publicada en 1925, en la cual explica la literatura propia de los vanguardismos. Se entiende por «arte deshumanizado» toda manifestación estética que elude cualquier compromiso con la realidad social.

digresión
Interrupción del discurso con el fin de intercalar la narración de una anécdota, la descripción de un paisaje o una situación, o la discusión de cualquier asunto que se aparte del eje principal.

discurso
Modo de estructuración del texto literario. Véase *historia*.

estilo indirecto libre
Recurso mediante el cual el narrador transmite las palabras o los pensamientos de un personaje. Se diferencia del estilo directo y del indirecto en que no aparece el verbo introductor y, como en el indirecto, se modifican las formas verbales. El narrador habla desde la interioridad del personaje.

existencialismo
Movimiento filosófico-literario que alcanza su máximo desarrollo e influencia en Europa a raíz de la II Guerra Mundial. Se centra en el hombre histórico concreto. El sentimiento de que todo acaba en la muerte y que, por tanto, la existencia es absurda, arrastra al hombre a la angustia existencial. Sus mejores exponentes son J. P. Sartre, A. Camus y S. Beckett.

folletín
Tipo de relato frecuente en las narraciones publicadas en sucesivas entregas en periódicos o revistas (habitual en el siglo XIX) y caracterizado por intrigas poco verosímiles, lances efectistas y personajes sin apenas indagación psicológica.

generación perdida
Grupo de escritores norteamericanos *(Lost Generation)* que, influidos por el sinsentido de la I Guerra Mundial, se caracterizaron por un agudo pesimismo en obras llenas de lirismo, desilusión y sentido derrotista. Algunas de sus figuras son Faulkner, Hemingway y Dos Passos.

historia
Conjunto de sucesos (asunto, argumento) que integran la ficción. La historia se transforma en *discurso* mediante la estructuración formal del texto.

manierismo
Movimiento poético de la transición del Renacimiento al Barroco. Por extensión, estilo resultante del abuso y petrificación de una manera o moda caracterizada por la artificiosidad, el formalismo y todo tipo de experimentaciones técnicas.

manuscrito hallado
Artificio que consiste en atribuir la paternidad de una obra a un autor inventado quedando así el autor verdadero como editor, copista, corrector...

mimético
Relativo a la mímesis o concepción del arte como una imitación de la realidad.

modalización autobiográfica
Articulación de un texto narrativo desde el punto de vista del yo protagonista que cuenta la obra en primera persona.

monólogo interior
Técnica empleada para reproducir el contenido mental y los procesos psíquicos de

un personaje en forma total o parcialmente inarticulada, tal y como dichos procesos preexisten al control consciente, antes de ser formulados por medio de la palabra. Es un procedimiento de extraordinarias posibilidades expresivas para revelar preocupaciones y secretos íntimos y obsesiones recónditas de los personajes.

neorrealismo

Movimiento cinematográfico y literario desarrollado en la posguerra italiana en obras cuyo contenido refleja el estado de la sociedad, adoptando una actitud de testimonio, denuncia y crítica. Los autores más representativos son E. Vittorini, A. Moravia, C. Pavese, etc.

nouveau roman

Denominación aplicada en la posguerra francesa a las novelas de los autores conocidos como la *école du regard* o «escuela de la mirada». Dichos autores se caracterizan por haber llevado el punto de vista hasta sus máximas consecuencias en el objetivismo y en la extrema minuciosidad de sus narraciones. A. Robbe-Grillet, N. Sarraute, M. Butor y C. Simon son sus representantes más conocidos.

novecentismo

En su acepción general designa el espíritu de las primeras décadas del siglo XX, en particular, en la literatura española. Es la labor de renovación intelectual y estética emprendida por la generación del 14 bajo la orientación de Ortega.

novísimos

Término difundido por la antología de J. M.ª Castellet *(Nueve novísimos poetas españoles,* 1970) para designar a los más jóvenes poetas de aquel momento, caracterizados por su experimentalismo.

objetivismo

Modo narrativo que consiste en describir con la misma asepsia —objetividad— con que lo hace una cámara cinematográfica, de forma que el autor no se manifieste en la obra, las descripciones aparezcan desnudas de subjetivismos y sus personajes sean conocidos sólo por sus manifestaciones externas y por sus palabras.

omnisciencia

Modo narrativo que se caracteriza por el dominio y conocimientos que el narrador tiene de cuanto ocurre en el relato. Puede ser *autorial* si el autor se inmiscuye en primera persona en el texto, *neutral* si no hay tales intromisiones, *múltiple y selectiva* si el narrador se ciñe a la visión de algunos personajes y *selectiva* si la visión se centra en un solo personaje.

perspectivismo

Conjunto de modos narrativos caracterizados por abordar una misma realidad desde diferentes puntos de vista, ofreciendo distintas versiones de los hechos o situaciones; la totalidad de las mismas configura la imagen de dicha realidad.

sartreano

Perteneciente al pensamiento de Sartre y su defensa del compromiso del intelectual.

segunda persona autorreflexiva

Modo narrativo que consiste en un desdoblamiento del yo en un tú reflejo, de forma que el narrador-protagonista se dirige a sí mismo en narraciones intensamente subjetivas.

soliloquio

Discurso que un personaje, solo, mantiene consigo mismo, revelando en la meditación su interioridad.

tremendismo

Tendencia literaria caracterizada por la presentación de una realidad desquiciada, con mezcla de violencia, crueldad y degradación humana y ambiental.

unanimismo

Visión del mundo que considera al hombre más como miembro de un grupo humano que como individuo. En la novela del siglo XX el unanimismo está vinculado con la reducción espacial y temporal y con el protagonismo colectivo.

Índice alfabético

Aguirre, Lope de, 11
Agustí, Ignacio, 25, 26, 29, 31
Aldecoa, Ignacio, 41-44
Alfaro, José M.ª, 20
Alonso, Eduardo, 62, 80, 81
Alonso, Santos, 74
Andújar, Manuel, 8, 15, 21, 22, 81
Antolín Rato, Mariano, 54, 62
Aparicio, Juan Pedro, 62, 87
Arana, José Ramón, 15, 16
Armas Marcelo, J. J., 53, 62, 81, 85
Asenjo Sedano, José, 25
Aub, Max, 8, 12, 13, 20-22
Ayala, Francisco, 8, 10, 12, 70, 78
Ayerra, Ramón, 62
Azancot, Leopoldo, 18, 41, 62, 80
Azúa, Félix de, 62, 65, 87

Barea, Arturo, 15, 20
Barral, Carlos, 55, 78
Beatles, Los, 65
Benet, Juan, 18, 25, 41, 53-57, 78, 81, 83
Bergamín, José, 8
Berger, 20
Berlanga, Andrés, 62, 87
Borrás, Tomás, 19
Botella Pastor, Virgilio, 7, 8, 17
Bryce Echenique, Alfredo, 71
Butor, Michel, 34, 35

Caballero Bonald, José Manuel, 41, 45, 55
Cabrera Infante, Guillermo, 71
Calatayud, Emma, 72
Camus, Albert, 20, 28, 34
Casals, Pedro, 62, 83
Castellet, José M.ª, 55
Castillo-Puche, José Luis, 25, 37, 60, 78
Cela, Camilo José, 18, 24-28, 31-33, 35, 53, 54, 58, 78, 81
Celaya, Gabriel, 40

Cervantes, Miguel de, 61
Conrad, Joseph, 56
Corpus Barga, *véase* García de la Barga, Andrés
Corrales Egea, José, 37
Cortázar, Julio, 72
crónicas noveladas, 84, 85
Cruz Ruiz, Juan, 62
Cunqueiro, Álvaro, 31, 39, 60

Chacel, Rosa, 12, 14, 70

Delibes, Miguel, 18, 24-26, 31, 37, 46, 47, 53, 58, 59, 78, 81, 86, 88
Díaz Mas, Paloma, 73
Dieste, Rafael, 14
Dos Passos, John, 34
Dylan, Bob, 65

Eco, Umberto, 79, 82
Enrique, Antonio, 73
Equipo Crónica, 76
Escher, M. G., 54, 75
Eslava Galán, Juan, 62, 80
«España peregrina», 8, 15, 20
Espinosa, Miguel, 41, 67
Esteban, José, 81

Faulkner, William, 34, 56
Fernández Cubas, Cristina, 62
Fernández de la Reguera, Ricardo, 20
Fernández Flórez, Wenceslao, 30, 31
Fernández Molina, Antonio, 53
Fernández Santos, Jesús, 24, 41, 43, 53, 57, 80
ferias del libro, 74
Ferrero, Jesús, 73, 80
Ferres, Antonio, 41
Foxá, Agustín de, 19
Fraga Iribarne, Manuel, 49
Fuentes, Carlos, 71

Gabriel y Galán, José Antonio, 62, 66
Galsworthy, John, 29
Gándara, Alejandro, 73
García de la Barga, Andrés (Corpus Barga), 14, 70

García Hortelano, Juan, 41, 45, 55, 76
García Márquez, Gabriel, 49, 67, 69, 71
García Montalvo, Pedro, 73
García Pavón, Francisco, 25, 60, 83
García Sánchez, Javier, 73
García Serrano, Rafael, 20
generación de los ochenta, 72, 73
generación del medio siglo, 31, 39-45, 55, 58, 72, 74, 78
generación del 36, 25, 31, 34, 35, 55, 58, 60, 72, 74
generación del 68, 62-67, 84, 85
generación Nós, 39
generación «perdida», 20, 34
Genovés, Juan, 26
Gil-Albert, Juan, 14
Gil de Biedma, Jaime, 55
Gironella, José M.ª, 23, 25, 31
Gómez de la Serna, Ramón, 8
Góngora, Luis de, 33
González Reigosa, Carlos, 62
Goytisolo, Juan, 24, 41, 42, 48, 49, 53-57, 70, 76, 78, 85
Goytisolo, Luis, 41, 54, 55, 76
Gris, Juan, 13
Grosso, Alfonso, 41, 45, 57
Guelbenzu, José M.ª, 62, 65, 85, 87
Guerra Garrido, Raúl, 41, 62, 71

Hemingway, Ernest, 20, 34
Hernández, Ramón, 41, 62
Herrera, Lola, 59
Homero, 51

Iturralde, Juan, 18

Joyce, James, 6, 38, 51, 52
Juan Arbó, Sebastián, 28

Kafka, Franz, 6, 38
Kubrick, Stanley, 53
Kurz, Carmen, 62

Laforet, Carmen, 24-26, 28, 29, 31
Landa, Alfredo, 30, 87
Larra, Mariano José de, 78
Lera, Angel M.ª de, 24
Ley de Prensa, 48, 49, 64
Leyva, José, 54, 62, 65
Lope, Manuel de, 62
López Pacheco, Jesús, 41, 45, 55
López Salinas, Armando, 41

Llamazares, Julio, 18, 73, 78, 86

Madariaga, Salvador de, 14
Madrid, Juan, 83
Malraux, André, 20
maquis, 81
Marías, Javier, 62, 73
Marsé, Juan, 24, 25, 41, 48, 57, 70
Martin du Gard, Roger, 29
Martín, Andreu, 83
Martín Gayte, Carmen, 41, 44, 45, 55, 76, 88, 89
Martín Santos, Luis, 40, 41, 49-51
Martínez Cachero, José M.ª, 31
Martínez de Pisón, Ignacio, 73
Masip, Paulino, 15, 20, 21
Mateo Díez, Luis, 62, 66, 87
Matute, Ana M.ª 25, 41, 45
Mauriac, F., 35
Mayo del 68, 63, 64, 84
Mendoza, Eduardo, 62, 66, 67, 81, 82
Merino, José M.ª, 62, 66, 76, 78, 87
metanovela, 75, 76
Millás, Juan José, 62, 66, 76, 83
Moix, Ana M.ª, 62
Molina Foix, Vicente, 62, 85
Molina Temboury, Pedro, 73
Montero, Isaac, 41, 62, 70, 85
Montero, Rosa, 73
Moravia, Alberto, 34
Mujica Láinez, Manuel, 49
Muñoz, Bertrand de, 18
Muñoz Molina, Antonio, 73, 74, 83, 89

Navarro, Jesús, 73
neorrealismo, 43-45
— italiano, 34

Nieto, Ramón, 41, 57
nouveau roman, 34, 35
novecentismo, 26
novela
— de intriga, 67, 82, 83
— experimental, 53-55
— fantástica, 39
— generacional, 84, 85
— histórica, 79-81
— lírica, 77, 78
— lúdica, 82, 83
— poemática, 77
— policíaca, 82, 83
— sobre la Guerra Civil, 17-24
novelistas en el exilio, 7-9
nueva novela española, 66
Núñez Alonso, Alejandro, 37

Onetti, Juan Carlos, 71
Ortega y Gasset, José, 25, 26, 51
Ortiz, Lourdes, 62, 80, 84, 85
Otero, Blas de, 40

Pardo, Jesús, 74
Pavese, Cesare, 34
Pedraza, Pilar, 73
Pinilla, Ramiro, 71
Pombo, Álvaro, 62, 78, 87
Pottecher, Beatriz, 73
premios literarios, 88, 89
Prieto, Antonio, 41, 53, 57
Proust, Marcel, 6, 38, 56
Puch, Manuel, 71
Puértolas, Soledad, 62, 83, 87, 88

Quiroga, Elena, 25, 37

Rabal, Francisco, 87
realismo, diversidad del, 86, 87
realismo social, 45
Renau, Josep, 58
Rey, Alfonso, 51
Ríos, Julián, 54, 76
Risco, Vicente, 39
Roa Bastos, Augusto, 71
Rodríguez Aldecoa, Josefina, 44
Rodríguez Santerbás, Santiago, 37
Rojas, Carlos, 41, 76
romance, 79, 82
Romero, Luis, 23, 25, 36
Rossellini, Roberto, 34
Rubio, Rodrigo, 61
Ruiz, Raúl, 80

Sampedro, José Luis, 74, 80
Sánchez Espeso, Germán, 62, 65
Sánchez Ferlosio, Rafael, 24, 31, 39, 41, 43, 44
Sánchez Ortiz, Emilio, 54
Sánchez Ostiz, Miguel, 73
Sanz Villanueva, Santos, 9, 65, 74
Sarraute, Nathalie, 34, 35
Sartre, Jean Paul, 34, 63
Sastre, Alfonso, 40
Satué, Francisco J., 73
Scott Fitzgerald, Francis, 34
Semprún, Jorge, 71
Sender, Rafael, 73
Sender, Ramón J., 8-11, 70
Serrano Poncela, Segundo, 15, 16
Simon, Claude, 34, 35
Sobejano, Gonzalo, 18, 19, 53, 74, 77
Suárez, Adolfo, 71
Suárez Carreño, José, 37
Sueiro, Daniel, 41, 45, 48, 53, 57

testimonios, 84, 85
Tomeo, Javier, 41, 87
Torbado, Jesús, 25, 62
Torrente Ballester, Gonzalo, 18, 25, 26, 30, 31, 38, 53-55, 58, 61, 67-69, 75-78, 80, 88
Tusquets, Esther, 62

Umbral, Francisco, 32, 41, 78, 85

Valle-Inclán, Ramón del, 78
Vargas Llosa, Mario, 49, 71
Varo, Remedios, 39
Vaz de Soto, José M.ª, 62, 66, 70, 76, 78, 85
Vázquez Montalbán, Manuel, 62, 66, 71, 82, 83, 85
Vidal Folch, Ignacio, 73
Villanueva, Darío, 44, 74
Villena, Fernando de, 73
Vittorini, Elio, 34

Yourcernar, Marguerite, 72

Zabaleta, Rafael, 27
Zarraluki, Pedro, 73
Zavattini, Cesare, 34
Zubiaurre, Valentín, 42
Zunzunegui, Juan Antonio de, 25, 28, 31, 38

Bibliografía

Alonso, S.: *La novela en la transición,* Madrid, Puerta del Sol, 1983.
Basanta, A.: *40 años de novela española,* 2 vols., Madrid, Cincel-Kapelusz, 1979.
—: *Literatura de la posguerra: la narrativa,* Madrid, Cincel, 1980.
Bertrand de Muñoz, M.: *La Guerra Civil española en la novela,* 3 vols., Madrid, Porrúa Turanzas, 1982 y 1987.
Buckley, R.: *Problemas formales en la novela española contemporánea,* Barcelona, Península, 1973, 2.ª ed.
Cardona, R. (ed.): *Novelistas españoles de posguerra,* Madrid, Taurus, 1976.
Cerrada Carretero, A.: *La novela en el siglo XX,* Madrid, Playor, 1983.
Ferreras, J. I.: *La novela en el siglo XX (desde 1939),* Madrid, Taurus, 1988.
Gil Casado, P.: *La novela social española,* Barcelona, Seix-Barral, 1973, 2.ª ed.
Martínez Cachero, J. M.ª: *La novela española entre 1936 y 1980,* Madrid, Castalia, 1985.
—: Sanz Villanueva, S., Ynduráin, D.: «La novela», en *Historia y crítica de la literatura española,* vol. 8, Época contemporánea (1939-1980), Barcelona, Crítica, 1980, págs. 318-555.
Marra-López, J. R.: *Narrativa española fuera de España (1939-1961),* Madrid, Guadarrama, 1963.
Navajas, G.: *Teoría y práctica de la novela española posmoderna,* Barcelona, Ediciones del Mall, 1987.
Nora, E. G. de: *La novela española contemporánea,* vol. III, Madrid, Gredos, 1970, 2.ª ed.
Ponce de León, J. L.: *La novela española en la Guerra Civil (1936-1939),* Madrid, Ínsula, 1971.
Roberts, G.: *Temas existenciales en la novela española de posguerra,* Madrid, Gredos, 1978, 2.ª ed.
Sanz Villanueva, S.: *Historia de la novela social española (1942-1975),* 2 vols., Madrid, Alhambra, 1980.
—: «La narrativa del exilio», en *El exilio español de 1939,* vol. IV, Madrid, Taurus, 1976, págs. 109-182.
—: «La novela», en *El siglo XX. Literatura actual,* vol. 6/2 de *Historia de la literatura española,* Barcelona, Ariel, 1984, págs. 51-203.
Sobejano, G.: *Novela española de nuestro tiempo,* Madrid, Prensa Española, 1975, 2.ª ed.
Soldevila Durante, I.: *La novela desde 1936,* Madrid, Alhambra, 1980.
Spires, R. C.: *La novela española de posguerra,* Madrid, Cupsa, 1978.
Villanueva, D.: *Estructura y tiempo reducido en la novela,* Valencia, Bello, 1977.
—: «La novela», en *Letras españolas (1976-1986),* Madrid, Castalia, 1987, págs. 19-64.
Yerro Villanueva, T.: *Aspectos técnicos y estructurales de la novela española actual,* Pamplona, Eunsa, 1977.